量化管理
从数据到决策

苑海彤 著

清华大学出版社
北京

图书在版编目（CIP）数据

量化管理：从数据到决策 / 苑海彤著 . -- 北京：清华大学出版社，2025. 8.
ISBN 978-7-302-70135-4

Ⅰ . F272

中国国家版本馆 CIP 数据核字第 2025CY5882 号

责任编辑：宋冬雪
封面设计：青牛文化
责任校对：王荣静
责任印制：宋　林

出版发行：清华大学出版社
　　　　网　　　址：https://www.tup.com.cn，https://www.wqxuetang.com
　　　　地　　　址：北京清华大学学研大厦 A 座　　　邮　　编：100084
　　　　社 总 机：010-83470000　　　　　　　　　邮　　购：010-62786544
　　　　投稿与读者服务：010-62776969，c-service@tup.tsinghua.edu.cn
　　　　质 量 反 馈：010-62772015，zhiliang@tup.tsinghua.edu.cn
印 装 者：河北鹏润印刷有限公司
经　　销：全国新华书店
开　　本：148mm×210mm　　　印　　张：8.75　字　　数：185 千字
　　　　（附赠品小册子 1 本）
版　　次：2025 年 9 月第 1 版　　　印　　次：2025 年 9 月第 1 次印刷
定　　价：79.00 元

产品编号：110641-01

在当今商业环境中，数据已成为企业决策的核心驱动力。然而，如何将海量数据转化为可落地的管理工具，如何让冰冷的数字真正服务于企业的经营目标，仍是许多管理者面临的难题。由资深财务管理专家苑海彤女士撰写的《量化管理：从数据到决策》一书，正是为解决这一痛点而生。它不仅是一部理论扎实的管理学著作，更是一本能够"即学即用"的实战手册。作为与苑海彤女士共事多年的同事，同时也是企业管理的实践者，我诚挚向各位企业家、管理者推荐这本不可多得的量化管理指南。

苑海彤女士曾经是我在惠普公司的同事，还曾任职于通用电气、埃森哲等世界 500 强企业，深耕财务管理与业财融合领域二十余年。她不仅曾是财务系统的搭建者，更是企业战略落地的推动者。工作期间，她主导和参与了多个国内、亚太区及全球性的财务项目变革，帮助企业在成本控制与利润提升之间实现有效平衡。这种从一线实战中淬炼出的经验，使得本书既具备国际视野，又贴合中国本土企业的管理需求。书中没有晦涩的学术术语，而是将复杂的财务与经营知识化繁为简，深入浅出地阐述了业财融合的精髓，以"问题导向"为核心，通过大量真实案例，将复杂的财务逻辑转化为可执行的行动方案，帮助读者快速掌握量化管理的思维与方法。

传统管理中，决策往往依赖管理者的个人经验或直觉判断。然而，在不确定性加剧的今天，这种模式的局限性日益凸显。本书的核心价值在于，它系统性地构建了一套"量化管理"框架，帮助企业从粗放式经营转向精细化运营。

1. 业财融合的底层逻辑

书中开篇即打破财务与业务的壁垒，强调"财务数据是业务的镜像"。例如，作者剖析了如何通过运营效率指标如应收账款周转、存货周转等指标，诊断供应链效率、客户信用政策等问题。这种"从数据看业务"的视角，可以帮助管理者跳出部门局限，站在全局高度优化资源配置。

2. 三张报表的深层价值挖掘

利润表、资产负债表、现金流量表常被视为财务部门的专属工具，本书却揭示了它们对一线业务的指导意义。比如，销售团队如何通过利润表的"毛利率"分析产品结构，识别高价值客户；供应链管理者如何从资产负债表的"存货周转率"中预判市场风险。作者独创的"三表联动分析法"，让非财务背景的管理者也能快速掌握数据背后的经营密码。

3. 工具化与场景化

书中的"经营健康度评估模型""现金流预警工具包"等实战工具，可直接应用于企业日常管理。将"客户信用分级矩阵"引入销售团队管理，坏账率明显大幅下降，同时客户满意度不降反升，这正是量化管理的魅力所在。

如果你是企业家或者高管，这本书可以帮你突破经验主义局限，用数据重构战略地图；如果你是中层管理者，这本书可以帮助你掌握业财协同思维，推动跨部门高效协作；如果你是一名创业者，这本书可以帮你规避"野蛮生长"陷阱，从 0 到 1 搭建量化管理体系；如果你是一名财务从业者，这本书可以帮助你跨越核算职能，成为业务部门的战略伙伴。

作为一名长期从事销售与管理工作的实践者，我深知数据在决策中的重要性。我在带领大客户销售团队和渠道销售团队时，让销售们要会看财务的三张表，强调销售不仅要注重销售额的质量与利润，还要注重利润的质量和现金流（回款）。这本书为我打开了新的视角，让我深刻认识到财务不仅是数字游戏，更是企业战略落地的关键支撑。无论是现金流的精准把控，还是资产负债的优化配置，抑或是盈利能力的深度剖析，书中内容都极具针对性和可操作性。

《量化管理：从数据到决策》不仅是一本书，更是一套帮助企业穿越周期的生存法则。它教会我们：数据不是冰冷的符号，而是经营的语言；量化不是复杂的计算，而是决策的底气。无论是初创企业还是成熟的企业集团，无论是传统行业还是新兴领域，这本书都将助力你找到破局之道。

翻开它，你将领略到数据之美，更将掌握一门让企业基业长青的手艺。

张坚

中国惠普政府事业部原总经理，思科中国区原副总裁

2025 年 3 月 15 日

首先，感谢你翻开这本书，也开启了你我之间的缘分。

20世纪90年代，从东北财经大学毕业后，我先后在通用电气、埃森哲、惠普等世界500强公司任职，负责财务及经营管理工作。任职期间，我注意到这些优秀的企业有一些共同之处，即运用财务数字逻辑来进行精细化经营管理，并且获益颇丰。近年来，我专注于企业财务及经营管理相关培训和咨询，致力于为业务与财务双向赋能及高质量成长提供价值输出，已为数万名企业家、中高层管理者及财务专业人士提供了相关服务，深度接触了包括华为在内的数百家国内企业。

在大量实践及为企业提供咨询服务的过程中，我发现很多企业的经营管理存在财务不懂业务、业务不懂财务的问题。对比优秀企业，这些企业首先需要解决的问题是：业务要懂财务，财务要为业务赋能，即"业财融合"。

"业财融合"是有中国特色的说法，国际上相关的讨论较少，这个说法在中国却受到广泛关注和推崇。

财政部2016年印发的《管理会计基本指引》明确指出，管理会计应遵循业财融合的原则，"管理会计应嵌入单位相关领域、层次、环节，以业务流程为基础，利用管理会计工具方法，将财务和业务有机融合"。

业财融合是现代企业管理的必然趋势，指将企业的业务管理与财务管理进行有效链接和协同，统合数据处理和分析，更好地理解业务活动对财务结果的影响，加强各部门之间的协作，优化资源配置及提高利用效率，提升决策的效率和准确性，从而促进企业整体运营优化升级。业财融合管理体系搭建的目标是促使业务成功。

业务部门和财务部门通过数字化技术，利用报表、数据、模型、管理会计工具，贯通企业整体经营链条，覆盖市场、产品、客户、区域、项目及员工等多维度指标体系，开展价值跟踪分析，实现业务流、资金流、信息流等数据的匹配、整合和共享，准确反映价值结果，基于价值目标做出规划、决策、控制、评价等管理活动，分析利益相关方，用财务语言反映业务生态，以保证企业价值创造过程的实现。

基于这样的思考，我将自己20余年的财务管理及培训咨询的实战经验进行了梳理总结，写成了这本书，意在帮助企业家及管理者建立财务视角，掌握量化管理的经营思维体系，同时帮助财务人员搭建业务视角，赋能业务的增长，实现业财联动，让业财组织协同推动企业战略执行落地，共创价值。同时，本书也非常适合财务人员用于提升财务组织及自身的价值。

从管理到经营，数据是关键，企业的管理者都需要向经营者身份转变。其本质是价值经营，其核心思想是业财双向赋能，多维度精细化运营，全过程闭环管理，全要素价值衡量，使企业在增长和风险之间获得有机平衡，实现高质量可持续发展。

企业当下面临的普遍问题

我们所处的时代正发生着翻天覆地的变化，对企业经营在可持续、盈利性和敏捷性等方面提出了更高的要求。企业管理者唯有实现经营思维变革，才能应对前所未有的经营压力，解决企业当下遇到的普遍问题。

问题 1：企业的数字化转型成为大趋势，是企业高质量发展、构建核心竞争力的必由之路，是企业实现创新发展的"基础设施"。作为打开数字化大门的"突破口"，财务管理是企业的数据管理中枢，如何科学有效应用财务数据成为企业数字化转型的切入点。在数字化转型的大背景下，数据已经成为企业最重要的战略资源。企业的财务部门要利用好数字化转型的机会，进一步推动并不断深化业财融合，这样不仅能够提升企业的效率，更重要的是能够通过数字挖掘业务价值，赋能业务，构建基于数字化的价值管理，提供具有洞见和前瞻性的建议。

问题 2：全球经济发展放缓让每个企业都面临前所未有的经营压力，"活下去"成为共同的纲领。过去粗放式的经营管理模式带来成本高、管理低效、企业竞争力弱、经营风险高等一系列问题。对此，企业需要加强的第一项能力就是卓越的数字管控能力。解读财务指标，为企业把好脉，是企业管理者的必备技能，运用财务管理智慧指导企业精细化管理才是王道。

问题3：企业经营决策通常包括资源获取并将之有效分配至不同的部门，最终为客户提供服务，从而实现企业价值。在企业中，这些重要的经营决策往往依赖于决策者的个人经验，叠加当下如此多的不确定性，这种决策的成功率会比较低。管理例会也经常是各部门站在自己的立场，重视局部利益，忽视整体利益，互相扯皮推诿，内耗严重，效率低下，企业整体目标推进乏力，很多工作最后难以落地执行。靠感觉决策，非常不靠谱。

问题4：很多企业管理者不清楚企业的真实经营状况。有的企业辛辛苦苦忙了一年，收入涨上去了，却没盈利，管理者不知道原因。有的企业虽然盈利了，却没有钱发奖金和分红。销售费用逐年上涨，业绩却没有起色。到底是什么产品在赚钱，什么产品在亏钱，管理者也不知道。高管常常陷入"凭感觉决策、资源错配、风险失控"的困局：（1）数据迷雾：报表看不懂，经营问题抓不住；（2）战略脱节：预算形同虚设，执行与目标偏离；（3）协同低效：部门各自为战，缺乏统一经营语言。

普遍问题的破解之道

以上几个典型问题，其实都可以用财务管理的系统方法论，通过业财融合的方式，在企业的经营管理活动中破解。"企业所有问题，最终都是财务问题。"

管理学大师彼得·德鲁克说过，假如无法衡量，就无法管理。量化，是优化的前提。企业内部管理的确定性才是应对外部不确定性的金钥匙。

  财务与业务活动的有机融合已经成为传统会计从财务核算向价值创造转型的关键，可以帮助企业实现更为精准的数据经营驱动，形成基于数据分析的量化经营决策模式，从过去的经营实践及市场、竞争对手、上下游，积累和获取包含业务活动和财务记录中的大量有价值的数据，以这些数据为准绳和依据来有效指导并校验企业经营全过程。

  现实中，没有数据支撑的企业经营就像一群游兵散将，无法形成合力，也缺乏战斗力。唯有精细化经营管理模式下的企业，才能打硬仗、打胜仗。

用业财融合驱动量化管理及经营

  稻盛和夫曾说："不懂财务就无法成为真正的经营者。"

  在企业经营中，从传统的凭感觉做决策转换到量化经营管理决策的思维模式的关键，在于搭建企业自身的量化经营体系，以业务数据作为输入，财务结果作为输出。管理为始，财务为终，所有业务数据最终的绩效结果一定要与财务的结果导向目标相协同，财务结果一定要保证企业战略目标的有效达成，两者形成有效闭环管理。要实现以上目标，最终靠业财融合。

  当下企业实施业财融合的难点是业务人员不怎么懂财务，财务人员也不怎么懂业务，各自为政，管理低效。

  阅读本书，你会明白财务管理的本质就是量化管理，数据对财务管理来说就像水对鱼一样重要，没有数据，财务管理也无从做起。企业数字化转型的数据中台建设也是从财务数据开始切入的，因为财务数据是企业最标准、统一、通用、完整、准确的数据。

企业的经营管理永远离不开人、财、事。关注人，围绕财，达成事。财务数据活跃在企业价值的创造过程中，用财务的语言来解构剖析企业价值的创造过程，能帮助我们理解影响价值创造的各种因素。

懂财务和经营管理的企业管理者才能真正成事。

当业财融合成为现实，财经和业务紧紧握手，统一语言和逻辑，必将产生"1+1 > 2"的合力。

《孙子·计篇》有云："夫未战而庙算胜者，得算多也；未战而庙算不胜者，得算少也。多算胜，少算不胜，而况于无算乎？吾以此观之，胜负见矣。"

事前算赢，事中管赢，事后盘赢。

谋定而后动。每一个成功企业战略的背后，都有一个成功的商业模式，而成功的商业模式背后也一定有一个成功的财务模式作为支撑，比如盈利模式、资金模式等，这个财务模式是战略成功的核心和保障。作为企业家、管理者，虽然可能不是财务专业出身，但无论是创业之初，还是经营的过程中，都必不可少地需要用量化经营的思维为企业战略成功保驾护航。

优秀的职场人在成长过程中势必要经历两个重要的转变：一个是从个人贡献者向管理者的身份转变，即从个人成功到团队成功；另一个就是从管理者向经营者身份转变，除了团队成功，每一个管理者最终都要为企业最终的经营结果负责，即经营要整体闭环。企业的每一名员工都要像经营者一样思考，从这个角度出发，你就不难理解：

财务管理不只是财务人的财务管理；

财务管理也不只是财务部的财务管理；

财务管理是企业全员、全过程、全要素、全周期的财务管理。

如何阅读本书

本书会阐述大量财务管理的工具，最终目的是助力经营成果及战略目标达成。

大部分人不喜欢看数据，对数据不敏感，通常是因为缺少对数据的常识。本书将使用通俗易懂的语言助力大家轻松打开这扇门，每一章除了介绍商业常识，还会给出案例及思考题供大家学习应用，并在每章结束时设置复盘总结环节，以提升阅读体验和强化学习成果。

全书共设八章，围绕企业经营管理者最关心的几大问题，结合实践案例，搭建企业量化经营的思路和体系，并给出可落地的实用工具。

第 1 章重点讲述业财融合下的量化经营管理体系到底指什么，帮助读者掌握整体财务报告体系框架、组织体系、价值进化，了解业财融合模式下的企业经营底层逻辑，是全书的基础篇。

第 2 章至第 5 章是从经营的视角来解读应用财务报表。谈及企业经营，不可回避的问题是"三表"的解读。市面上的财务相关图书有两种类型：一种是钟情于三大报表，这种占了绝大多数；另一种是截取财务经营的某一个切面，以具体的财务实践展开。本书则是将两种写法结合，着重强调如何结合业务使用"三表"，即企业可以根据自己的财务报表，分析企业的经营问题，从而找到应对的措施和方案。希望对于实践者而言，这本书更实用、好用，也能让你们更想用。

第6章至第8章则是建立量化经营思维的升华部分，帮助读者掌握量化经营的整体逻辑、价值经营指标体系，运用经典财务管理工具找到解锁商业密码的金钥匙，抓住企业核心竞争力，制定行之有效的经营战略。这些章节同样也会使用大家熟悉的企业作为案例，比如华为、小米、平安、美的、海尔、沃尔玛、好市多、苹果、特斯拉等，探讨如何培养企业的复原力及收获意外之喜。

在写作的过程中，我尽量让全书的语言通俗易懂，让非财务专业人士也可以轻松读懂，不再觉得枯涩难懂，而是有趣有用。同时，对于我的同行，我也希望他们可以通过阅读本书，转变思维和意识，从会计思维转化为商业思维，从业务视角理解运用财务工具，实现从"账房先生"到"战略军师"的转变。

本书将为企业的经营管理者，包括财务和非财务人员，共同打开一扇业财双向赋能的大门，为企业整体战略目标的达成提供强有力的保障。

精细化管理是企业发展的必过门槛，也是中国企业长期以来追求不仅做大更要做优做强必须解决的核心问题。当代企业管理是以数据为核心的管理，商业敏锐度和财务管理技能是迈向成功的通行证。财务强则企业强，企业强则国家强，"百舸争流千帆竞，借海扬帆奋者先"，让精细化管理成为中国企业的核心竞争力，希望本书能为此贡献一点微薄之力。

管理学大师彼得·德鲁克一生都致力于把人格赋予企业，一再强调管理的本质不在于知，而在于行。我是一位写作者，也是业财融合的实践者和传播者，更是一位终身学习者。非常期待有机会与你在线下相逢，一起学习交流探讨、共同进步。本书引用了很多案例，所涉及内容仅代表个人观点，不构成投资建议。商业世界变化万千，书中对案例的解读均植根于写书的当下时点，存在该案例企业后续发展和书中解读产生冲突的可能，以上请读者知悉。

生命不息，跋涉不止。我仍在持续不断地学习提升，不足之处请读者宽容。

从灵感萌芽到完成书稿，三年多的时光悄然逝去。谨以此书献给我的母亲刘莎女士、父亲苑强先生，感谢他们的养育之恩，感谢我的家人给予我的支持和帮助。最后，感谢编辑宋冬雪的悉心指导，致敬每一位曾给予我鼓励与智慧的师友，感恩、感谢每一个帮助过我的人。

欢迎关注我的视频号"苑海彤财务管理实战"与我互动交流。

苑海彤

2024 年 12 月 15 日

于大连

目 录

第 1 章

业财融合下的企业经营体系

财务管理这个学科是企业经营管理实践的产物，你或许会好奇它的历史。

中文"会计"一词大致源于西周（也有说法是源于开创华夏文明的大禹时期），当时在官制中专门设了"司会"一职，主管朝廷的财政收支，用的都是单式记账法。

《孟子·万章下》中有"会计当而已矣"，记载了孔子当库管小吏时总结该职责的话，意思是出入的账目清楚，计算不出错。这句话言简意赅，体现了孔子对会计工作的认真负责，用今天的话说，这句话恰当、适当、应当，似乎说透了传统财务人——会计这个岗位的职责所在。

西方的会计，或许你听过印第安人的结绳记事。而近代复式记账法的发明，是财务管理发展史上一个重要的里程碑。

意大利文艺复兴时期的重要人物数学家卢卡·帕乔利被尊为"现代会计之父"。他的《数学大全》描述了数学知识是如何运用于商业活动之中的，注重数学概念与商业实务相结合。正如当代企业的经营管理只有把财务的数字跟企业的业务活动相关联，才具有更大的价值。

哈佛商学院教授、管理会计大师罗伯特·卡普兰曾说:"会计是一门实践性很强的学科。""经济越发展,会计越重要。"从古至今,任何一笔会计记录都必须回答清楚以下六个基本问题:why(为什么)、who(谁的)、when(什么时候)、what(什么东西)、how much(多少)、how(怎么了)。

除了会计记录,财务报表是随着商业社会对会计信息的披露程度要求越来越高而不断发展来的。始于西方银行家对贷款者的信用分析的资产负债表原名叫平衡表(balance sheet,也被叫作statement of financial position),已经有将近 500 年的历史。利润表(income statement)又称损益表(profit and loss account),出现也超过 100 年了。

随着企业的经营活动越来越复杂,看得见的现金越来越少,看不见的信用交易越来越多。无论是投资者还是债权人,都更加关注企业现金流的状况。1987 年,美国财务会计准则委员会(FASB)决定把"现金流量表"(cash flow statement)当作一种新的披露方式,与资产负债表、利润表一起向相关信息使用者传递企业的各种会计信息。

至此,当下通过国际通用的三大报表来反映企业经营和财务状况的体系基本搭建完成。国际通用的三大报表是近 500 年来经济发展、企业伟大经营管理实践的产物。

财务不等同于会计,"会计"一词有时会给人刻板枯燥的印象,财务管理的范畴远远大于会计。在企业实践中,会计的职能主要是核算和监督，而财务管理的职能还包含预测、决策、计划和控制等活动。财务管理始终要保持经营者的视角，更多倾向于运用管理会计的理念和思维来指导企业有序经营。

《首席财务官》杂志总编田茂永在《商学院学不到的 66 个财务真相》中提到，"有些人干了一辈子财务工作，却没有参透财务的真相，从会计的视角来看，每一个业务场景最好都能对应一个理想国中的标准答案，一个形式上精确的答案，而从财务的视角来看，企业的经营追求的往往是业务实质上的大致正确。会计更多围绕过去展开核算，而财务更多关注当下及未来"。

1.1　用财务报表为企业做体检

财务报表相当于企业的体检表，也是管理者的考试成绩单。

企业的经营管理者，通过财务报表读懂财务的数字和语言，就能读懂企业背后的商业模式，用财务眼光看待经营问题，从宏观视角看待组织内部的业绩，从而培养商业头脑和全局运营观。

除此之外，财务报表还有其他用途，比如给投资人提供信息，国家也需要根据企业提供的财务报表的相关信息制定和调整相关政策。

经营管理者学懂、学会之后，才能知道业务会如何影响公司的经营结果。

大致说来，企业的财务报表按照给谁看、有何用可以分为三大类。

第一类是财务报表，就是前文提到的企业三张报表：资产负债表、利润表、现金流量表。这类报表主要是给股东、债权人、监管机构看，用于了解公司整体经营业绩。

财务报表是以会计准则为规范编制的，向企业所有者、债权人、政府、其他有关各方及社会公众反映经营主体财务状况。

第二类是税务报表，这类报表是给税务机关看的，用于核算税收。税务报表是企业日常纳税申报所用的报表，以税法为主要依据编制。

第三类是管理报表，主要是给公司管理人员看的，用于指导经营管理决策。

管理报表是为企业经营管理层服务的，即经营管理报告，俗称"管报"，因此它的格式、编报口径等就都可以由企业经营管理层根据自身的需要即业务场景确定。

管理报表的编制并非越复杂越好，尤其是一些大企业，它们往往需要思考的是如何简化内部管理报告。简化流程就是在节约管理层的时间和精力，这也是降本增效的有效措施。

管理报表编制的核心原则是"以阅读者为中心"，也就是以给谁看、谁能看得懂、对谁有用为前提，不需要太复杂。比如企业的财务负责人，每个月要给CEO（首席执行官）发一份经营业绩简报。那么如何写简报才能让上层快速抓到重点给你反馈呢？

首先，重点不是"自己想说什么"，而是"上级关注的是什么"。

其次，要抓住三类关键信息：核心指标、重要分析、行动需求。比如，这个月的经营报告有三点核心的分析，说明分别是什么，还可以附上当月的财务核心指标。

企业管理报表的成熟度某种意义上是一家企业经营管理成熟度的标志。

企业整体报表体系当中，三类报表缺一不可。传统的标准财务报表提供的信息已经不能满足企业价值管理及决策的需求，需要企业在经营管理甚至数智化转型的过程中，深度思考如何让管理报表更精简、高效，需要在传统财务分析的基础上围绕战略目标进行经营分析、价值分析，由此防范企业经营风险，有效决策，最终助力商业成功。

本书的讨论虽然以标准的财务报表为基础，但更多围绕企业探索适合自身业务模式、业务场景的管理报表展开。而管理报表的价值更多是围绕事前规划和事中决策展开的，这也是价值管理、量化经营的关键。

1.2　财务组织如何为业务赋能

当代企业财务组织的价值在于通过提升财务部门的影响力最终赋能业务的增长，提倡关注创造价值基因的公司文化，构建核心的价值管理及经营能力。

我们把这称为当代财务组织的职能"金三角"架构（图 1-1），可以分别比喻成"手、脑、心"。

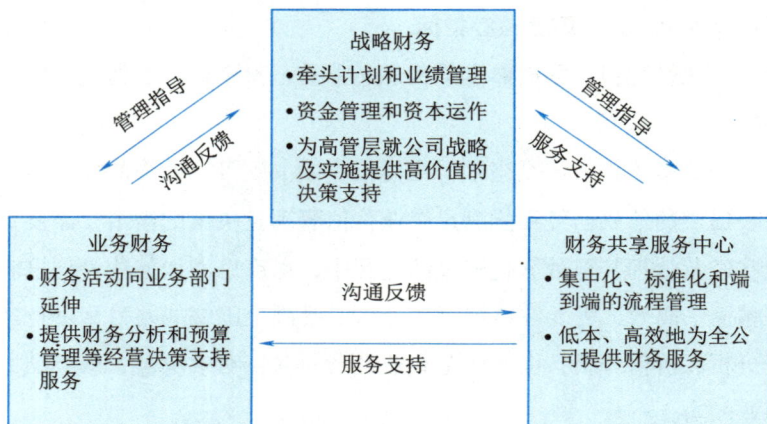

图 1-1　财务组织的职能"金三角"架构

如图 1-1 所示，"手"的职能在大中型企业中统称"财务共享服务中心"（finance shared service center，FSSC），小企业一般叫会计部或者核算部，叫什么不是最重要的，实质重于形式。它的主要职能是企业的财务核算中心，俗称财务会计，主要从事凭证、账簿、报表的工作，是最传统的会计职能。这个职能的重要性，在于它是财务组织乃至公司的大数据中心，它的价值要围绕两个最核心的 KPI（关键绩效指标）展开：第一，精准，它提供的数据必须是对的，因为数据错了，决策就错了，数据是财务人的尊严和底气；第二，高效，能早一天结账就不要晚一天，能早一天出报告就不要推迟一天，因为数据越及时就越有利于经营管理者做出更精准的决策。

其次，财务组织"脑"的职能叫"业务财务"，也叫财务 BP（business partner），也就是业务的财务合作伙伴，主要履行管理会计职能。这个岗位的财务人员要深入业务活动中去，为业务提供财务解决方案，如建立收益管理模型，通过财务预测，有效防范提示风险，测算业务盈亏等。这个组织的成员一般是财务专家出身，行使管理会计职能（包含预测、决策、计划和控制等活动）。但仅有财务专家是不够的，要想完全胜任这个角色，更需要的是深入业务，理解业务，站在业务视角，借助财务管理工具，用数据识别风险、发现问题，优化资源配置，助力业务预测、决策。

财务 BP 是业财融合的关键角色，要做就做"真伙伴"，与业务彼此互补，从一个会计变成一个生意人，助力业务成功，帮助企业做好生意。业务 BP 不能把传统财务作为出发点，而要以组织整体利益为着眼点深度链接业务，在以长期主义为目标的价值框架下寻求整体利益最大化的强强联合。

近年来，国家也前所未有地重视管理会计工作。财政部原部长楼继伟曾指出："如果说打造中国经济'升级版'的关键在于推动中国经济转型，那么打造中国会计工作'升级版'的重点就是大力培育和发展管理会计。"

对他人有用，才会有合作的可能。业财融合本质上是一种价值合伙，双向融合，双向赋能，双向奔赴。

财务人员和业务人员都需要改变思维方式。对业务人员而言，要学习和了解财务的语言，读懂财务的数字；对于财务 BP 而言，真正的价值取决于他们是否能以业务人员能"听懂"的语言与之沟通信息。这个过程可不是处理财务数据这么简单，而是需要深入思考利益相关方及业务部门的真正需求。

最后，最上面的"心"的职能是"战略财务"。主要承担集团财务政策、财务制度制定及核心业绩 KPI 的制定，统筹集团财务全面预算及分子公司管理，集团资金管理、资本运作及其他战略支撑职能。

"手""脑""心"三位一体，构成了一个成熟健全的财务组织，也是实现有效业财融合的组织保证。

传统的财务组织没有做到核算财务和业务财务的相对分离，核算工作本身的重复性、紧迫性等原因，导致传统的财务组织很难有精力抽离出来主动走进业务、学习业务，进而导致传统的财务组织附加值较低，很难从事后核算向事中支撑业务决策及事前预测等高价值信息提供者和赋能者转变。很多企业的财务部本质上都只停留在了会计部的角色，即只提供会计核算等相对低附加值的事后服务的层级。

当下，这种传统的财务组织根本无法满足企业快速成长及应对越来越复杂的不确定性等市场环境的需要，时代正在迫切呼唤着企业的财务组织快速成长。

接下来我们以华为财经组织作为案例，介绍中国优秀企业的财务管理实践。

华为把财务部门叫作"财经"，其不仅履行传统财务组织的职能，也负责企业经营管理的职能，所以叫财经。

华为财经组织总体分为"三支柱"，即财经 COE、财经 BP 组织和财经 SSC（图 1-2）。

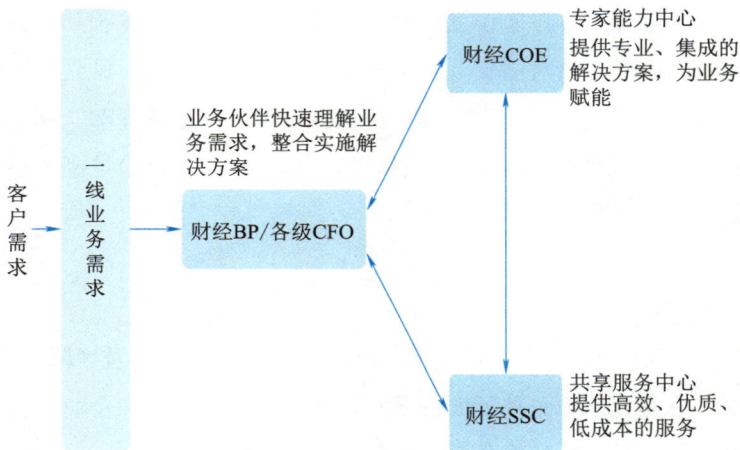

图 1-2 华为财经组织"三支柱"

1. 财经 COE（center of expertise）

财经 COE 是华为财经的专家团队，即高端会计政策及能力中心，也称为"经线"，是立足于专业领域的财经管理组织。其负责连接会计准则制定机构、财务报告监督机构等，建立业界领先的会计政策专业能力，匹配业务流程的方案实现全球化统一管理，在"合理"与"合法"中有效平衡。在华为内部，财经 COE 是提供政策、流程、方法论的中央平台，同时包括集团财经职能（资金管理、财务管理等）、高阶投资组合管理等。这个组织中有顶尖的会计政策专家，担负制定集团政策、发布文件和制度的责任，让集团高层的管理思想、理念在本领域形成可执行及可落地的政策、文件和制度。

华为在深圳和伦敦设立了两个财经 COE，涉及的流程和业务主要有经营管理、销售融资、资金、税务、核算与报告，设立的组织主要有定价中心、经营管理部、销售融资部、账务管理部、资金管理部、税务管理部、内控与企业风险管理部、财务风险控制中心和子公司财经管理部。

2. 财经 BP

财经 BP 组织是华为财经的"纬线"，即各级 CFO（首席财务官）组织，它是支撑业务单元的一线财经组织，业务伙伴和企业价值整合者，是牵引业务单元进行价值管理的最重要力量。

一方面，华为财经 BP 组织面向业务需求，以作战需求为中心，为业务提供财经集成解决方案；另一方面，华为财经 BP 组织面向客户需求，构筑从机会到机会变现的端到端（ETE）全流程解决方案的能力，助力商业成功，同时，将内控融于业务之中，既支撑作战，又保持一定的独立性及风险防控。

华为财经 BP 组织的架构根据业务组织架构来设计，比如各地区部、三大 BG（运营商、企业、消费者）、产品研发部门及平台部门，具体包括产品与解决方案 BP、三大 BG 财经 BP、平台财经 BP 及区域财经 BP、项目财经 BP 等。

这里还要重点说明被称为"奔涌的后浪"的项目 BP（项目 CFO）组织，它是项目 CEO 的重要合作伙伴，开展项目端到端全生命周期管理——被称为"项目的四算管理"，即项目概算、项目预算、项目核算、项目决算，助力项目经营目标达成。华为拥有集成、可视、高效的数字化平台，可以有效支撑开展项目经营管理活动。

3. 财经 SSC（shared service center）

财经 SSC 是贴近业务场景的核算组织，负责管理好数字入口，并实现精准高效服务。自 2005 年开始，华为陆续开展新"四统一"（流程、制度、编码、监控）、海外 ERP 实施等财经内容的建设，其中也包括财经 SSC。其将原来分散在不同业务单元的财务活动分离出来，由专门成立的独立实体提供统一的财务服务，像福特、GE、惠普、IBM 等知名跨国企业设置的财经 SSC 一样，可以向集团内所有的企业提供高质量、优成本、一致性、标准化的财务服务。作为小范围试点，2005 年华为在马来西亚建立财经 SSC，覆盖范围为亚太地区的部分国家。由此，在 IBM 的帮助下，华为区域 SSC 陆续得以建立。

华为财经组织通过 IFS（集成财务变革）等重大变革项目的落地，已经充分融入公司的各个业务活动，从合同签订到发票回款，从物料采购到产品制造，从产品规划到市场分析，从销售融资谈判到融资规划落地，从税务筹划到定价设计，全面打通业务和账务的系统，大部分领域已经实现业务作业及记录的业财高效协同。

在被问到华为成功的关键时，任正非说道："是财务体系和人力资源体系。"

华为财经组织是世界范围内领先的财经组织，经纬纵横，业财一体，双向融合，数智赋能，既保证了财务能够赋能业务增长，又确保了企业在高速成长之路上风险可控。华为对财经的定位是"促增长，管经营，控风险"，九个字言简意赅地诠释了其价值和意义。

1.3　当代财务组织的价值进化

　　传统的财务组织是不区分财务会计和管理会计的，也没有财务 BP 之说。绝大部分企业的财务部主要做的工作都以财务会计即事后的核算为主，这也导致传统财务组织的价值很有限。当代企业的财务管理已经从单一的事后核算向预测、决策、计划和控制事前等活动转移，这才是财务组织更大的价值所在。

　　在线下培训交流的过程中，我曾跟一位知名大企业的 CFO 探讨过。这位 CFO 的问题是这样的："我们企业的财务组织也是'金三角'啊，并且有些年头了，但为什么这么多年提业财一体化、业财融合，至今仍感觉没有融进去呢？"对比自己在跨国企业财务组织服务的经历及华为等领先企业的财经管理实践经验，我深入思考了这个问题。这两类公司"金三角"型的财务组织，有以下两点本质区别。

　　第一，"坐在哪里"不一样。华为及跨国企业的财务 BP 不坐在财务部，支持哪条业务线，他们就坐在哪个业务部门。"屁股决定脑袋"，如果你坐在财务部，首先想到的是"不合规"，也根本没有机会去深入学习和了解业务。

　　第二，"汇报给谁"不一样。华为及跨国企业的财务 BP 是矩阵式汇报关系，一半是要汇报给业务线老大的，跟业务部门一起"背指标"。比如销售部门的财务 BP，要与区域和渠道销售团队一起驱动销售收入目标的完成。年底绩效考核时，业务老大有很大的打分及奖金分配权，财务 BP 的奖金包主要跟着自己支撑的业务部门奖金池，所谓"考核到哪里，绩效就在哪里"，试想打造了利益共同体的财务 BP 怎么不会"撸起袖子加油干"，赋能业务的增长呢？

那么，如何成为一名称职的财务 BP 呢？转变思维是第一步，改变工作和沟通方式也很重要。以下建议供参考。

（1）真正把脚放到对方的鞋子里，有时间就跟业务伙伴在一起，一起拜访客户，了解他们的痛点，让自己与业务伙伴同频，了解业务伙伴每天面临的压力和挑战。去了解一线到底发生了什么，只有这样才有机会与业务部门建立更密切的关系，才有可能成为"真伙伴"。

（2）有机会就参与业务伙伴（每日/周/月）的会议，首先要学会倾听，不要上去就指手画脚，过程中你一定会找到机会用专业的财务知识帮助业务部门解决问题和有效防范风险，如果你的建议对业务部门有价值，慢慢地你会发现业务部门会主动邀请你参加他们的会议。有些财务同行经常跟我讲，业务部门从来不主动邀请财务参加业务会议，不难理解从业务部门视角看传统财务，总会觉得财务会说"这也不行，那也不能干"，会限制和制约业务的发展。

（3）一定要学会讲业务部门能够听得懂的财务语言。所有财务同行都需要练就的一个本领就是成为一名"好老师"，讲一门外行人也能够听得懂的财务语言。听得懂才有机会沟通。

（4）另外，财务 BP 必须练就所谓的综合协调能力，这是一种对业务的深度洞察，以及善于解决问题的能力，需要"多面手"的思维方式和跨学科思考的能力，正如查理·芒格推崇的"多元思维模型"。曾经有人采访过一位资深的财务 BP，如果想要有效地摆脱外界对财务人的刻板印象，该如何转变，他给出了如下建议：

- 站在业务视角思考如何帮助业务增值。财务可以拿到关于公司整体业绩的大量数据，即有所谓的全局视角，而业务部门往往只能看到局部。
- 建立一种适合业财双方的有效沟通机制，让业务伙伴了解你分析出来的数据背后的业务价值，多打比方、多讲故事，这样对方才能听得懂。
- 不断重复这两步，随着时间的推移，业务部门会看到你所做的一切，了解你带来的价值，自然会摆脱对你的刻板印象。

同时，财务部门应该积极主动去推动财务组织的转型和变革，帮助支持、优化和改进业务的流程和规则，做到不只是提供财务信息，帮助企业了解自身现状，更要业财形成合力。深度的业财融合方能帮助企业从传统凭经验拍脑袋粗放式的"语文式管理"，向基于精细化的数据和经验做决策的"数学＋语文"式的管理模式，即量化管理转变。当代财务专业人员，有责任去颠覆陈旧的"账房先生"即"小财务"的刻板形象，努力实现转型成为"大财务"，从而拥有更大的影响力和话语权，实现更大的职业价值。

财务从业者及管理者应该向如下几重身份转变：

- 业务伙伴：要做就做"真伙伴"（懂得换位思考帮助业务赋能创造价值）；
- 业务规划师：从事后核算向事中及事前转变（从 ROI 及风险两个维度规划业务）；

- 培训师：成为"好老师"（讲好一门非财务专业的人也能听懂的财务语言）；
- 业务控制者：当好"守门员"（永远要帮助企业守好最后一道防线，桶底不能漏）。

财务组织是企业的"守门员"，这是财务组织永远责无旁贷的职能所在。一个称职的财务组织必须帮助企业守住底线，没有底线的企业，业务增长会很可怕，风险也很高。但只守住底线也是远远不够的，原好未来现百度 CFO 罗戎说过，当代的财务（财经）组织应该努力"去中心化"，建立"利他"的组织文化，学会当一名"老司机"，既要会"踩油门"，也得会"点刹车"，而不是"踩刹车"。传统财务最擅长的就是"踩刹车"，这在一定程度上制约了业务的成长，当代财务（财经）组织要从"管控者"转变为"领航员"。

财务组织要打造一个拥有"高言值"，即会沟通，能讲一门业务部门喜欢听、听得懂的语言的财务团队，传递财务思维给全员，在全公司搭建"价值基因的文化"及"人人皆财务，财务为人人"的"大财务"理念。要主动摒弃保守被动，从事后管理转变到事前的规划、风险防范及事中决策的管理。要容忍业务的试错，同时守住风险的底线。

优秀的财务组织永远要依据业务流程、服务业务、赋能业务成长的需要来搭建。解决对业务的支撑作用是财务管理永远不变的主题。财务管理要兼顾商业成功和风险制衡两条主线。财务组织是企业价值的综合管理者，财务管理是企业价值治理的全过程管理。

其中，CFO是企业的价值管理工程师——财务组织是业务赋能者。创造价值不是一句商业口号，而是企业存在的基本理由。

> 价值管理（value management）最早由美国学者肯·布兰查（Ken Blanchard）在《价值管理》一书中提出，他认为，依据组织的愿景，公司设定符合愿景与企业文化的若干价值信念，并具体落实到员工的日常工作上。唯有公司的大多数股东、员工和消费者都能成功，公司才有成功的前提，建立"共好"的组织目标。
>
> 这种价值管理完全不同于传统的会计概念，其特点表现为以下几个方面：
>
> （1）以顾客为中心。没有顾客，公司就没有真正的价值。
>
> （2）为客户创造超过其成本的价值。价值是客户愿意支付的价钱，而超额价值产生于以低于对手的价格提供同等的产品或服务，以此赢得竞争优势。
>
> （3）要有整合的价值管理观念。财务部门必须其他部门密切合作，发挥公司整体的力量，使公司的价值最大化。
>
> （4）价值管理系统要融合预测、计量、控制、激励甚至文化等诸多要素于一体，是当代经济环境下企业管理发展的必然趋势。
>
> 企业价值管理的框架，包括：

（1）开展以战略为导向的价值链管理。从价值链的视角来考察企业组织，它就是一个战略价值链环节的组合。有效设计的企业组织应该是一系列价值创造活动的集合体，即价值链。关于价值链本书在后面的章节会有详细的介绍。

（2）制定以价值为核心的全面预算管理体系。全面预算是企业价值增值得以实现的保障，全面预算管理既是管理控制的主要手段，又是战略实施的必要工具，因此致力于提高管理效率和增加战略导向的全面预算管理，必然会提升企业的价值。本书在后面的章节也会专门探讨。

（3）发展以价值为核心的绩效评价。绩效评价在价值管理中的作用，主要体现在两个方面：第一是检验价值增值的程度，第二是分析持续创造价值的能力。

（4）建立以价值为核心的激励机制。激励是组织通过设计适当的外部奖励形式或工作环境，借助有效沟通来激发引导保持和规范组织成员的行为。激励机制的最直接目的，就是最大限度地调动人的主观能动性，激励在价值管理过程中起着非常重要的作用。由于人是价值创造的主体，因此适当的激励机制可以调动管理层和员工的积极性，从而为企业带来更多的价值增值。本书在后文中也会有提及。

作为企业财务组织的核心人物，CFO 是一个穿插在金融市场和价值管理之间不可或缺的角色。他们站在股东和经营管理者之间，是公司重要的战略决策制定和执行者之一，是公司风险、成本和资源的管理者和价值的管理者。

可以说，CFO 是公司的价值工程师，也是 CEO 的战略合作伙伴。

《首席财务官》杂志曾对 CFO 在价值管理中的作用用以下标准来评价：

- 战略影响。其中包括：如何重新定义公司的竞争优势；重写市场竞争规则；发现新的商业机会；提高市场竞争力和市场份额。

- 资本影响。其中包括：如何构建一个强势稳健的投融资体系和一个平衡健康的财务管理体系；如何提高对分 / 子公司财务运作的控制和支持；怎样优化流程降低成本，能否提高公司的盈利能力和提高资金运作效率。

- 运营影响。其中包括：如何推动公司组织结构、流程及战略管理工作；怎样促进企业资源整合与协同，全面提升公司的运营效率；是否拓展财务管理空间，加快财务管理时效，提升财务管理效能等。

我本人在线下与众多企业交流和学习的过程中，总结了一个朴素的道理：越优秀的企业，财务组织的地位越高，企业一把手越懂财务，越重视财务。

1.4　用财务视角透视企业经营的逻辑

企业经营到底要遵循哪些底层逻辑呢？首先要搭建财务基本

功，这一点后文会详细阐述。其次，就是要掌握财务经营智慧的三大思维：投入产出思维、结果导向型思维、双效思维。

1. 投入产出思维

投入产出比，也叫投资回报率，英文缩写为 ROI（return on investment）。

做一件事，用赚的钱除以花的钱，就是投入产出比。投入产出比越高，这件事就越赚钱。投入产出比是衡量一家企业盈利状况使用的比率，也是衡量一家企业经营效果和效率的一项综合性的指标。

管理者或职场人做事都要秉承一个核心思维，就是投入产出思维。

比如你选择了读我的这本书，你投入了时间和精力，就一定要有产出、有收获，要带着目标学习，知道自己为什么选择读这本书，通过读这本书要学到什么。

2. 结果导向型思维

在企业经营管理过程中，对业务部门而言，比如市场部、销售部，其核心 KPI 是市场占有率；HR（人力资源）及每一个业务部门主管，都有一个核心 KPI 是员工离职率或优才流失率；采购部要开发性价比更优的供应商，生产部门要降低次品率等。对于研发部门而言，其 KPI 则是是否增加及增加多少研发预算，这除了是研发部门的 KPI，更是企业战略的选择。

最终衡量和验证业务部门的活动效果，有一个核心依据就是财务绩效的结果。具体来说是指，是否帮助企业增加了收入，相较于收入增加，利润是否有提升，以及利润的涨幅是否大于收入的涨幅；是否带来了现金净流入，尤其是经营活动的现金净流入增加；对于整个企业而言，对资产、负债及净资产的影响；等等。

如果说业务部门的思维是动因型，即过程型指标，那财务指标就要看结果，即结果导向型指标。

企业经营和管理，一定要以终为始，即明确为了什么样的目标，去做什么样的决策——以管理为始，以财务为终。始于战略，终于财务绩效结果。把事情做好，把结果算清。

懂财务的最终目的是，帮助企业完成一场以终为始的量化管理过程，也即具备结果导向型思维（图1-3）。

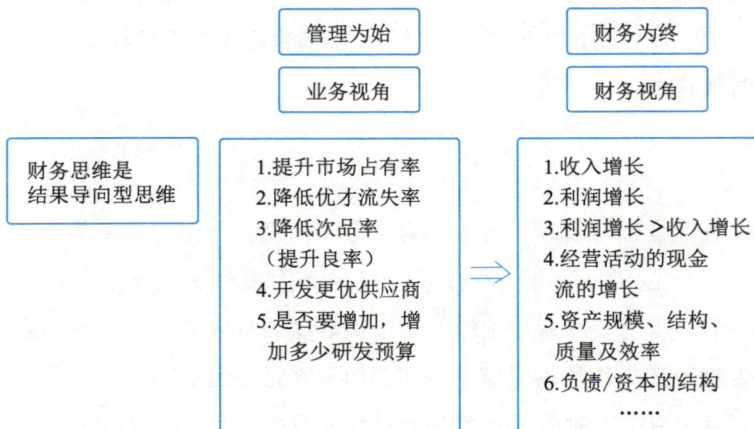

管理为始		财务为终
业务视角		财务视角

| 财务思维是结果导向型思维 | 1.提升市场占有率 2.降低优才流失率 3.降低次品率（提升良率） 4.开发更优供应商 5.是否要增加，增加多少研发预算 | ⇒ | 1.收入增长 2.利润增长 3.利润增长>收入增长 4.经营活动的现金流的增长 5.资产规模、结构、质量及效率 6.负债/资本的结构 …… |

图 1-3　结果导向型思维

3. 双效思维: 经营 & 管理

经营和管理, 企业经常会提到这两个词, 但似乎没有真正对二者进行过区分。

经营, 主要是指产品或服务拿到市场当中去检验, 看客户是否愿意买单, 愿意花多少钱买单, 最终追求的是效益, 即经营向外要效益。

管理则更多是向内的, 即管理向内要效率。

企业常谈的 "降本增效" "提质增效", 其中的 "效" 指的到底是效益, 还是效率呢?

企业的降本增效是一个综合的命题, 最终要提升的是效率和效益的合力, 如果用一个词来表达, 就是 "效能" (图 1–4)。

$$效益 \quad \times \quad 效率 \quad = \quad 效能$$

图 1–4 双效思维

已故美国管理学大师史蒂芬·柯维的《高效能人士的七个习惯》中较早提到 "效能" 的概念, 个人要努力成为高效能人士, 企业也要从双效着手, 成为高效能的企业。

德鲁克曾经提出过一个经典的管理学问题: 管理者到底是要 A, "做正确的事" (do the right things), 还是要 B, "把事情做对" (do the things right), 这也是管理思想发展的一个里程碑。

我们知道, 一个真正的管理者其实要做的是 A+B, 即拥有选择正确的事, 再把这件正确的事做对的能力。

把双效思维应用到企业经营管理中，一个企业做正确的事首先要保证"战略大致正确"。在纷繁复杂的商业社会，企业在某种意义上只能寻求战略的大致正确。战略首先是种取舍和选择，即选择做什么不做什么，有时往往把不做什么想明白更重要。战略大致正确了，接下来的问题是什么样的组织下，什么样的人依据什么样的流程办事的能力即执行能力。这两个能力都具备了，企业便具备了核心竞争力，如图 1-5 所示。

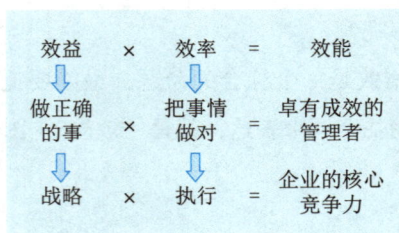

效益	×	效率	=	效能
⇩		⇩		
做正确的事	×	把事情做对	=	卓有成效的管理者
⇩		⇩		
战略	×	执行	=	企业的核心竞争力

图 1-5　双效思维在企业经营管理中的应用

有人说，当代企业两类人才最稀缺，一类是靠近战略的人，另一类是靠近利润的人。"靠近战略"就是朝着正确的方向不跑偏，"靠近利润"即能把战略执行到位，多打粮食。

最后我们思考一个关键问题：从财务视角看，管理到底是什么？

在我看来，从财务视角看，管理是提高和创造客户价值，最终实现员工、客户、股东三方共赢——不仅要赢，还要三方高效地共赢。如果没有最终给客户创造或者提高价值，那么企业的存在就没有价值，最后的目标则是收入、利润、现金流、投资回报等。

很多企业的成长是快速的规模扩张，收入也大幅增长，但没有形成有效的经营闭环管理，就可能导致一个问题，即增收不增利。利润跟不上收入增长的步伐，如果企业又没有拓展新赛道、大举投入新业务，长此以往，这种增长就不是高质量的成长，只是粗放的成长。

财务管理的目标则是帮助企业实现高质量的成长，更强调利润和现金流。

好的企业最终呈现的状态是员工成长、企业发展、股东对财务回报的速度满意。

财务管理最大的价值在于，它的体系工具绝大部分来自伟大企业的经营管理实践，把其浓缩和提炼出来再反馈到企业当中去指导企业经营和实践。

除了上文讲的三种思维，要系统学习财务，还必须明白财务报表的两大法则。

一是收付实现制（自然法则）。所谓"收付实现制"，就是指收到钱就加上，花掉钱就减掉，这个非常容易理解，所以也被称为自然法则。企业三大表中有且只有现金流量表遵循这个法则。

二是权责发生制（配比法则）。我们经常讲，有什么样的权利，就要承担什么样的义务和责任，权利与义务之间是一个配比的关系，也被称为"配比法则"。除了现金流量表，其他所有的报表，包括资产负债表、利润表，以及财务平时的核算、账簿，全部遵循权责发生制。权责发生制是财务管理主要遵循的原则。

我们通过一个例子把这两个法则一次性说清楚。比如，企业发奖金一般都是滞后的，2024年1月发的是2023年度的奖金，从现金流，即收付实现制的法则去看，虽然现金是2024年1月流出去的，但对应的企业开支显然不应该记在2024年，那应该记在2023年哪一个月呢？很多人认为应该记在2023年12月，这样说也对，其实是应该记在2023年的每一个月，因为每一个月都在支出，这就是配比，即权责发生制。如果都记在2023年12月，对12月就太不公平了，只有记在每一个月才是最公平合理的。企业每一个部门的开支报表中，一定有一项叫作"奖金预提"，就是虽然还没有发，但是先计提出来，这就是"权责发生制"。

现金流的思路，所谓收付实现制（自然法则）和权责发生制（配比法则）在企业中各司其职，之所以这里要重点说明，是因为我发现，在大量的企业管理实践当中，业务部门不太理解财务，有时候会问，钱和收入不是一回事吗？要知道，财务的逻辑主要遵循权责发生制，但业务部门的思考主要遵循收付实现制。原则不一样，沟通和协同往往会有问题。

对企业价值的衡量，很多人习惯于看利润，但企业经营的现状是有利润并不代表有钱，首先要考虑的是现金的维度，在一定意义上，价值＝现金。

遵照企业经营的逻辑，我们最先通过现金流量表来认识企业的生存之道。

敲黑板画重点：

　　1.财务报表是企业的体检表，是管理者的考试成绩单。

2. 企业一般有三类报表：财务报表、税务报表和管理报表。

3. 价值赋能型的企业财务组织一般为"金三角"架构，其中业务财务（财务 BP）是业财融合的关键所在。

4. 要实现业财融合，财务人员和业务人员都需要改变思维方式，双向奔赴。

5. 业财深度融合能帮助企业从传统凭经验拍脑袋粗放式的"语文式管理"向基于数据和经验做决策的精细化的"数学 + 语文"式的管理模式转变。

6. 当代的财务组织需要当好"老司机"，建立"高言值"、"人人皆财务，财务为人人"、"去中心化"、利他的"大财务"组织。

7. CFO 是企业的价值管理工程师。

8. 企业的经营要遵循投入产出思维、结果导向型思维及双效思维展开。

9. 现金流量表遵循收付实现制，其余遵循权责发生制。

第 2 章

现金流：企业的生存之道

在与企业经营管理者的沟通中，我们经常会交流一个问题："看报表，最先看哪一张？"很多人会回答先看利润表，殊不知很多企业的倒闭不是因为没有利润，而是现金流断裂。令人唏嘘的是，它们都不是被竞争对手击败的！所以，有利润不代表有钱，很多企业有利润，却没有钱。

无论企业规模大小，处于初创期还是成熟期，企业的经营都在重复一件事，就是从现金开始，然后在各个环节转一圈再回到现金，周而复始。

现金流是一个具有隐私性的话题，企业一般很少公开谈论，它却是每一个企业经营管理者都必须面对的问题。生意少做一点不会致命，但如果资金周转不畅或者调动失灵，企业的命运就会岌岌可危。接下来，我们通过现金流量表来详细阐述一下企业的生存之道。

2.1　读懂现金流量表，就学三件事

为了更高效，我们可以把学习现金流量表浓缩成以下三件事。

1. 明白什么是现金流

现金流量表里的现金不是通常我们所理解的手里的现金，而是广义的货币概念，除了真正的现金，还包括银行存款、支票、承兑汇票、有价证券及金融衍生品等。这里一般以三个月为限，只要是三个月及三个月内能够变现，我们统称为现金流。

2. 知道现金流公式

现金流的计算公式如下：

现金流入量 – 现金流出量 = 现金流净额

3. 搞懂现金流的分类

现金流量表至关重要，因为它是唯一一张遵循"收付实现制"原则的报表，即真金白银的报表。

现金流量表把企业所有的活动划分为三大类，即经营活动、投资活动及筹资活动，我们也称之为企业的三种现金流。

（1）经营活动现金流

经营活动我们可以简要理解为主要与企业的主营业务相关，即主营主业，也就是企业为何而存在。很多企业如果有现金结余，往往会考虑投资让钱生钱，但是企业管理者必须要清楚，投资本身并不是你的主营业务，以投资为主营业务的是投资公司。主营业务——经营活动才是一家企业的立足之本。

（2）投资活动现金流

企业的投资活动有两种，一种是投自己，另一种是投别人。投自己又包括两条路径：一是投产能，二是投研发，即为了企业的未来而投。投别人也有两条路径：第一条是财务投资，即企业级的理财活动，目的主要是让钱生钱；第二条是战略投资，基于企业竞争地位及中长期发展的战略目标进行。比如投资企业的上下游，即投生态位，目的是基于企业自身中长期发展战略的需要，实现"1+1 > 2"的效果。

（3）筹资活动现金流

筹资活动也叫融资活动，企业融资也有两条路径。第一条是向银行、金融机构借贷及发债券等，统称为债权式融资。第二条路径，企业可以选择上市，即公募，首次上市叫IPO（initial public offering），也可以不上市，采用PE（私募股权投资）的形式或者找新股东加入（如VC）等，二者统称为股权式融资。

债权和股权是企业融资最主要的两条路径。

图2-1详细展示了企业的三种活动现金的流入和流出。

为了更好地理解企业的三种活动，我们可以把现金流比喻成企业的血液，经营活动就是"造血"，筹资活动就是"输血"，造的血不够用，就得从外面输血。投资则是为了未来更好地"造血"而进行的积极主动的"放血"活动。

线下交流的时候，有人说投资是"献血"，我认为不准确。因为投资要讲回报，并不能等同于做慈善。也有人说投资是"卖血"，我也认为不是很准确。因为企业经营也好，投资也罢，首先是要"积极主动"，而不是不得已而为之。

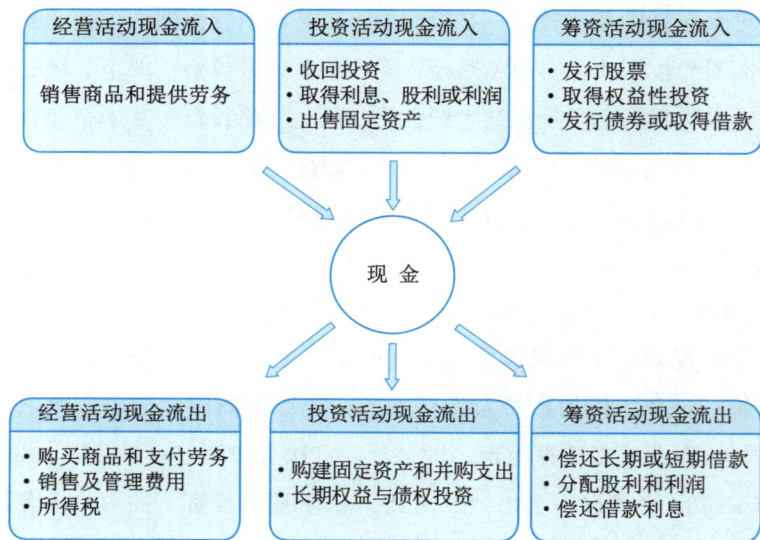

图 2-1　企业三种活动现金的流入与流出

过去几年，很多企业走到了生死存亡的边缘，不得不选择卖房子、卖股票或裁员等方式续命。好不容易招到和培养出来的人为什么要裁掉呢？毫无疑问，为了生存。所以优秀的企业经营管理者必须要思考"积极主动"采取预防性的经营措施，未雨绸缪，不能等到生死存亡的关头再去思考现金流的问题。不积极主动管好现金流是会要企业的命的。

2.2　万能的现金流量表阅读公式

阅读现金流量表，可以使用国际通用的现金流量表阅读公式，主要分四步走。

第一步：看经营活动现金流

我们拿到一家企业的财务报表，首先要看现金流量表。那现金流量表中企业的三种活动，最先看哪一种呢？当然是经营，因为经营活动主要跟企业的主营业务相关，这就叫要事第一，企业经营必须要学会抓重点，另外看报表一般建议连续看几期。

如果一家企业的主营业务，即经营活动的现金流净额持续是正数，即经营活动中现金流入大于流出，我们就可以判断它靠主营业务能够持续生存。

把企业比喻成人，我们就可以得出结论，这个人可以靠自身造血，不靠输血也可以活下去。这是判断一家企业经营状态是否健康的最重要信号，叫企业的"自力更生"。有的企业活着是靠自己，有的是靠别人，比如靠卖房子、卖股票、靠"啃老"，虽然都是活着，但活法不一样。

第二步：看投资活动现金流 > 经营活动现金流

看完了经营活动，我们再来看其他两类活动。投资势必要花钱，即现金流出，尤其投资自己的那一部分，投产能、投研发，都得花钱。

在上一步，我们看到企业靠经营活动即主营业务获得了现金流流入，但企业经营一般不会选择止步不前，而是扩大规模，即投未来，那就得花钱。如果企业经营活动赚进来的钱不够投未来，大体可以理解为，这家企业投资活动的现金流流出大于经营活动的现金流流入。

这种情况下，如何判断企业的状态呢？

我们不能简单说企业好还是不好，因为任何投资都有风险，但是可以判断这家企业正处于扩张期还是成长期。

你可能会问，那为什么还要投资呢？不投多好，第一步都赚钱了。这就是生意人和企业家的区别，做生意在一定意义上是资源变现，而企业家不甘心只做到当下的规模，大概率会选择扩张，而不是满足于小富即安。这是每一个创业者自身的选择，企业在做强、做大的过程中，肯定不满足于现状，要投未来，说的就是这个阶段。这个阶段也叫蓝筹期，这里我是用现金流的概念解析蓝筹期的概念，我们经常讲的蓝筹股也是基于此。

第三步：看经营活动现金流与投资活动现金流的关系

伴随着企业继续成长壮大，就会进入下一个阶段，即投资了未来之后还有剩余，也就是企业主营业务获得的现金流入大于投资未来的现金流出，这个阶段企业那些没有实现的梦想和愿景，都有资格从容去做，我们把这个阶段统称为成熟期，即现金流自由阶段。企业成熟的重要标志就体现为现金流的自由。

> 这里介绍一个概念——自由现金流（free cash flow, FCF），是指企业在一定时期内，通过经营活动产生的现金，扣除维持

现有业务规模必需的资本性支出（如设备更新、厂房扩建）后，剩余的、可自由支配的现金。它是衡量企业真实盈利能力和财务灵活性的核心指标，反映了企业"能真正装进口袋的钱"。

自由现金流是穿透财务报表迷雾的"真金白银"，它回答了企业最本质的问题："在满足生存和发展需求后，究竟还能剩下多少可自由支配的现金？"

无论是内部经营还是外部投资，自由现金流都是决策的终极标尺。企业管理者应将其纳入核心 KPI 体系，投资者则需用它验证企业"护城河"的真实含金量。

第四步：看筹资活动现金流

筹资活动的净现金流如果为正，说明流入的现金大于流出的现金，如果为负数，则分为以下两种情况。

一种是企业高额分红。大量分红，说明企业相对成熟，有大量的经营积累，所以有剩余给股东分红，也说明企业现金流充沛。

有人问过我，说"财务数字是不是负的就不好"。我的回答是前提一定要读懂数字背后隐藏的信息，即看是什么原因导致的，如果是分红导致的，那说明企业的现金流很充沛。

另一种是企业大量还本付息。如果是还本金支付利息导致为负，我们就要思考这一期还上了，下一期企业是否有偿债的压力和风险，势必要提前规划防控风险。

人人爱自由，企业的自由首先体现在现金流的自由。有钱就有自由，没钱没有资格谈自由。

如同人的生命会经历不同时期，企业的生命周期也分为初创期、发展期、成熟期、衰退期等不同阶段。人在不同时期对金钱的需求不同，不同阶段的企业对现金的需求也是不一样的。

初创期，企业急需大量资金，招兵买马，买设备，搞研发，开拓市场，推广产品，等等，而这时因为还没有经营的积累，也没有家底作抵押跟债权人借贷，企业找钱的路径主要是靠股东和投资人。此时的企业就像是孩童，投资人就像父母。处于"花钱期"的企业的现金流状态大体表现为，经营和投资活动的净现金流都为负，而筹资活动的净现金流为正。

发展期，伴随着规模的扩大，产品的销量快速增长，大量资金回笼，与此同时，企业继续追加投入，原有经营活动积累的现金流无法满足追加投入的时候，还得靠外部找钱来帮助企业继续成长壮大。处于扩张期的企业的现金流状态大体表现为，经营和筹资活动的净现金流都为正，而投资活动的净现金流为负。

成熟期，企业已经达到一定规模，进入投资回收期，大量的经营积累，除了满足必要的投资之外，有大量的现金结余，有闲钱的企业会尽可能让钱生钱。处于成熟期的企业的现金流状态大体表现为，经营和投资活动的净现金流都为正，而筹资活动的净现金流为负。

衰退期，企业面临市场萎缩，产品销量严重下滑，此时的企业如果有债务的话，还得收回投资、变卖资产等用于还债以"解燃眉之急"，处于这个阶段的企业再举债已然非常困难。处于衰退期的企业的现金流状态大体表现为，经营和筹资活动的净现金流都为负，而投资活动的净现金流为正。

优秀的企业经营管理者会尽一切努力，不让企业走入衰退期的怪圈，会未雨绸缪，在发展期和成熟期阶段，就勇于寻求突破，找到新的增长机会——第二、第三成长曲线，为企业的未来提前布局。

企业为了保持竞争力和持续增长，还需要不断创新、深入了解市场和客户的需求、管理人才及搭建经营体系等，这些措施本书后续的章节会详细讲解。

希望大家记住，看现金流，一定要结合企业所处的生命周期的阶段。

2.3　一个案例：5 分钟学会读现金流量表

学习贵在学以致用，接下来我们看一个案例。某国有 A 股上市公司 2017 年度的现金流量表（截图）如图 2-2 所示，也许我们对这家企业并不了解，但可以通过阅读报表上的数字，了解这家企业的基本情况，这也是阅读财务报表的功用所在。

以下，我们围绕如下问题来进行案例练习：这家企业怎么样？如果好，好在哪里？如果有问题，问题在哪里？

首先，这家企业非常好。

我们可以看到，企业经营活动的现金流净额是正数，约为 221 亿元。

科目	2017年度	科目	2017年度
销售商品、提供劳务收到的现金	64,421,479,343.02	取得子公司及其他营业单位支付的现金净额	
收到的税费返还		支付其他与投资活动有关的现金	17,075,145.10
收到其他与经营活动有关的现金	542,162,210.47	投资活动现金流出小计	1,142,092,337.55
经营活动现金流入小计	67,369,462,511.81	投资活动产生的现金流量净额	-1,120,645,214.60
购买商品、接受劳务支付的现金	4,875,768,504.16	吸收投资收到的现金	6,000,000.00
支付给职工以及为职工支付的现金	5,489,606,122.48	取得借款收到的现金	
支付的各项税费	23,065,648,503.05	收到其他与筹资活动有关的现金	
支付其他与经营活动有关的现金	2,940,296,363.54	筹资活动现金流入小计	6,000,000.00
经营活动现金流出小计	45,216,426,427.68	偿还债务支付的现金	
经营活动产生的现金流量净额	22,153,036,084.13	分配股利、利润或偿还利息支付的现金	8,905,177,880.80
收回投资收到的现金		支付其他与筹资活动有关的现金	
取得投资收益收到的现金		筹资活动现金流出小计	8,905,177,880.80
处置固定资产、无形资产和其他长期资产收回的现金净额	16,450.00	筹资活动产生的现金流量净额	-8,899,177,880.80
处置子公司及其他营业单位收到的现金净额		四、汇率变动对现金的影响	72,948.86
收到其他与投资活动有关的现金	21,430,672.95	四(2)、其他原因对现金的影响	
投资活动现金流入小计	21,447,122.95	五、现金及现金等价物净增加额	12,133,285,937.59
购建固定资产、无形资产和其他长期资产支付的现金	1,125,017,192.45	期初现金及现金等价物余额	62,794,794,812.99
投资支付的现金		期末现金及现金等价物余额	74,928,080,750.58

图 2-2 某国有 A 股上市公司 2017 年度现金流量表（截图）

投资活动产生的现金流净额约为 -11 亿元，主要是投购建固定资产、无形资产，其经营活动流入的现金远远大于投资流出去的现金。

再看其筹资活动产生的现金流净额约为 -89 亿元，为什么是负的？分钱分的，我们可以看它的分配股利。这家企业就符合我们前面总结的，处于成熟期，现金流相当充沛。

我们再看这家企业的期末现金，账面上有近 750 亿元。2016 年的时候，这个金额是将近 628 亿元。经过 2017 年一年的积累，变成将近 750 亿元。如果把企业的钱比喻成蓄水池，那说明 2017 年企业又进一步蓄水了 100 多亿元现金。

所以，这是一家不差钱的企业。

接下来，我们猜一猜这家企业属于什么行业，又是哪一家企业呢？

有人会问，看报表还能看出这些吗？答案是肯定的。关键是如何看出来。如图 2-3 所示，为了便于理解，我把相应的关键指标标识了出来。

	科目	2017年度	科目	2017年度
A	销售商品、提供劳务收到的现金	64,421,479,343.02	取得子公司及其他营业单位支付的现金净额	
	收到的税费返还		支付其他与投资活动有关的现金	17,075,145.10
	收到其他与经营活动有关的现金	542,162,210.47	**投资活动现金流出小计**	**1,142,092,337.55**
	经营活动现金流入小计	67,369,462,511.81	投资活动产生的现金流量净额	-1,120,645,214.60
B	购买商品、接受劳务支付的现金	4,875,768,504.16	吸收投资收到的现金	6,000,000.00
C	支付给职工以及为职工支付的现金	5,489,606,122.48	取得借款收到的现金	
D	支付的各项税费	23,065,648,503.05	收到其他与筹资活动有关的现金	
	支付其他与经营活动有关的现金	2,940,296,363.54	筹资活动现金流入小计	6,000,000.00
	经营活动现金流出小计	45,216,426,427.68	偿还债务支付的现金	
	经营活动产生的现金流量净额	**22,153,036,084.13**	分配股利、利润或偿还利息支付的现金	8,905,177,880.80
	收回投资收到的现金		支付其他与筹资活动有关的现金	
	取得投资收益收到的现金		筹资活动现金流出小计	8,905,177,880.80
	处置固定资产、无形资产和其他长期资产收回的现金净额	16,450.00	**筹资活动产生的现金流量净额**	**-8,899,177,880.80**
	处置子公司及其他营业单位收到的现金净额		四、汇率变动对现金的影响	72,948.86
	收到其他与投资活动有关的现金	21,430,672.95	四(2)、其他原因对现金的影响	
	投资活动现金流入小计	21,447,122.95	五、现金及现金等价物增加额	12,133,285,937.59
E	购建固定资产、无形资产和其他长期资产支付的现金	1,125,017,192.45	期初现金及现金等价物余额	62,794,794,812.99
	投资支付的现金		**期末现金及现金等价物余额**	**74,928,080,750.58**

图 2-3　某国有 A 股上市公司 2017 年度现金流量表（截图，加注）

A 项指标是这家企业卖商品、劳务收到的现金，约 644 亿元。B项指标是企业买原料、接受劳务支付的现金，约 49 亿元。C 项指标是给员工支付的现金，约 55 亿元。看到这里你会发现，这家企业收到的现金和付出去的现金不是同一个量级，特别赚钱，也就是我们俗称的暴利。

看 D 项指标，你会发现企业为产品投入的现金比较有限，却支付了高额的税费。在中国只有特殊消费品，才需要缴如此高的税费。要么是烟草，要么是白酒。我们可以看到这家企业 2017 年是不到千亿元的规模，另外烟草没有上市，所以就可以揭晓答案了——贵州茅台，一家不差钱的企业。

通过这个报表，我们已经能够对这家企业有基本的了解：贵州茅台是一家主营业务可以养活自己，每年进行大量分红，投资策略相对保守的一家不差钱的企业。

从另外一个维度想，你或许会好奇为什么这么不差钱的企业，投资未来却如此保守？我们算一下数字，茅台只投了当年造血现金流的 5%（11 亿元与 221 亿元相比）左右，又是什么原因？

看报表只看一个年度是不科学的，我们最好看完整的一个生命周期。现在我们再来看看贵州茅台 2018 年的现金流量表的截图（图 2-4）。

单位：元 币种：人民币

项目	本期发生额	上期发生额	本期比上年同期增减(%)
销售商品、提供劳务收到的现金	84,268,695,732.62	64,421,479,343.02	30.81
客户存放和同业存放款项净增加额	1,010,398,131.22	-316,204,577.99	不适用
客户贷款及垫款净增加额	3,000,000.00	-28,393,350.80	不适用
存放中央银行和同业款项净增加额	920,713,957.76	8,727,170,068.53	-89.45
支付的各项税费	32,032,178,125.92	23,065,648,503.05	38.87
经营活动产生的现金流量净额	41,385,234,406.72	22,153,036,084.13	86.82
处置固定资产、无形资产和其他长期资产收回的现金净额		16,450.00	-100.00
收到其他与投资活动有关的现金	11,244,181.30	21,430,672.95	-47.53
购建固定资产、无形资产和其他长期资产支付的现金	1,606,750,226.28	1,125,017,192.45	42.82
支付其他与投资活动有关的现金	33,456,659.58	17,075,145.10	95.94
投资活动产生的现金流量净额	-1,628,962,704.56	-1,120,645,214.60	不适用
吸收投资收到的现金		6,000,000.00	-100.00
分配股利、利润或偿付利息支付的现金	16,441,093,160.06	8,905,177,880.80	84.62
筹资活动产生的现金流量净额	-16,441,093,160.06	-8,899,177,880.80	不适用
汇率变动对现金及现金等价物的影响	29,006.86	72,948.86	-60.24
现金及现金等价物净增加额	23,315,207,548.96	12,133,285,937.59	92.16

图 2-4　贵州茅台 2018 年现金流量表（截图）

2018 年，茅台的业绩几乎翻番，那想要业绩翻番，茅台该如何做呢？很简单，涨价就行了。2018 年茅台调整了出厂价，从 2017 年的 819 元调整到了 969 元。2018 年茅台还换了领导班子，但是通过阅读报表你会发现公司整体的经营管理策略似乎没有太大的变化，依然是投资相对保守——投了当年造血现金流的不到 4%（16 亿元与 414 亿元相比）左右，高额分红（分了 164 亿元）的模式。

这么不差钱的一家企业，为什么不大量投资呢？首先是产能的局限性，茅台酒必须要特殊地域的水、特殊地域的粮食、特殊的流程工艺。按照它的工艺，比如飞天茅台的生产周期大概是 5 年，即第二年能出多少吨茅台酒是由 5 年前的基酒决定的。产地的瓶颈是茅台镇，产能的瓶颈是基酒，生产周期的瓶颈是约 5 年，原材料的瓶颈是当地红缨子糯高粱，这些是茅台之所以不差钱但是投资相对保守的重要原因。

为保证茅台公司可持续发展，每年需留存一定量的基酒，按生产工艺，茅台酒从生产到出厂至少需要五年。茅台酒由不同年份、不同轮次、不同浓度的基酒勾兑而成，是技术和艺术的完美结合，因此某一年份的基酒可能在未来数年都会作为产品出现。茅台酒的生产属于自然固态发酵，传统工艺酿造，成品率具有一定波动性。基于上述原因，茅台酒基酒产销率不能精准计算。

这里为了学习，我们可以做一个假设，如果你是茅台的经营管理者，如果产能不受限，要不要大规模扩大投资，生产大量的茅台酒，让市场上到处都可以买到茅台酒呢？

答案不言自明，不要！因为茅台酒的本质属于奢侈品，而奢侈品行业的基本逻辑就是供小于求，物以稀为贵。

如果你感兴趣，不妨再多看几年贵州茅台的年报。写这本书的时候，我看到的最新的是2023年的年报截图（图2-5），在普遍经营状况不太乐观的2023年，茅台依然交上了优等生的答卷，妥妥地延续了"赚赚赚、分分分、投投投"模式。其营业收入接近1477亿元，同比增长19.01%；净利润747亿元，同比增长19.16%；归母净利接近748亿元，同比增长19.05%。

主要会计数据	2023年	2022年		本期比上年同期增减(%)	2021年	
		调整后	调整前		调整后	调整前
营业收入	147,693,604,994.14	124,099,843,771.99	124,099,843,771.99	19.01	106,190,154,843.76	106,190,154,843.76
归属于上市公司股东的净利润	74,734,071,550.75	62,717,467,870.12	62,716,443,738.27	19.16	52,435,506,622.16	52,460,144,378.16
归属于上市公司股东的扣除非经常性损益的净利润	74,752,564,425.52	62,792,896,829.57	62,791,872,697.72	19.05	52,556,464,900.24	52,581,102,656.24
经营活动产生的现金流量净额	66,593,247,721.09	36,698,595,830.03	36,698,595,830.03	81.46	64,028,676,147.37	64,028,676,147.37
	2023年末	2022年末		本期末比上年同期末增减（%）	2021年末	
		调整后	调整前		调整后	调整前
归属于上市公司股东的净资产	215,668,571,607.43	197,480,041,239.46	197,506,672,396.00	9.21	189,511,713,508.90	189,539,368,797.29
总资产	272,699,660,092.25	254,500,826,096.02	254,364,804,995.25	7.15	255,315,103,017.82	255,168,195,159.90
股本	1,256,197,800.00	1,256,197,800.00	1,256,197,800.00		1,256,197,800.00	1,256,197,800.00

图 2-5　贵州茅台 2023 年年报截图

贵州茅台酒，是全球唯一千亿元级酒类大单品。通过直销和批发代理渠道进行销售[①]。其中直销比例整体趋势在逐年稳步提升，茅

---

① 直销渠道是指自营和"i茅台"等数字营销平台渠道，批发代理渠道指社会经销商、商超、电商等渠道。

台酒的增量几乎全部投了直销，不难理解，提升直销销量是提升整体盈利能力的最佳方法。

2.4 学以致用：现金流量表的具体应用

如果把企业比喻成人，财务报表就如同体检表，那么现金就如同血液和空气。

当代的商业社会，永远不变的经营法则是"cash is the king"——现金为王。拥有充沛健康的现金流，是你想做什么就能够做什么的基础。

接下来，结合现金流量表的应用，我们一起探讨两个企业经营决策命题。

1. 企业外包决策的依据

外包（outsourcing）即利用企业外部的资源为企业的生产和经营服务。很多企业都在做外包，什么时候需要外包，什么时候需要自己干，背后的决策依据是什么呢？我们不妨运用财务视角从公司全局的角度来分析。

专业的人做专业的事

这一点我们可以从两个维度去思考，首先要明确自己的核心优势，即擅长做哪个领域，就专注在自己擅长的领域。别人擅长的领域，就交给别人去做。同样，可以把企业的业务分为两类，一类叫增值业务，另一类叫非增值业务，严格意义上讲，增值业务不建议外包。

成本有效性——规模效应

别人专业擅长的领域，就交给别人去做。别人既然专业，那势必效率更高，成本更优，即有规模效应，谁做划算就谁来做。企业外包也是满足降本增效的需求，如果别人不但做得好还便宜，即投入产出高，那大概率要交给别人做。要额外说明的是，也有企业的外包不以降本为目的，而是有效转移了风险，在风险与收益之间做了有效的权衡。

用别人的钱做自己的生意

外包给合作伙伴供应商，一般都有一个账期的概念，即不用"一手交钱一手交货"，账期未到不用给钱，所以外包还有个好处，就是不用自己的钱，而是可以占用别人的资金做生意。资金都是有使用成本的，不用自有资金做生意本身就是一种"会做生意"的表现。

钱放在自己兜里，还是放在别人的兜里，区别太大了。放在自己的兜里我们可以激励员工，可以投产能、投研发，可以买公司做并购，但放在别人的兜里我们就没有发言权。

现代商业社会做生意的高级模式，是要用别人的钱，做自己的生意。这是当代商业社会商业交易的重要逻辑。西方把这种模式叫OPM 战略（other people's money）。京东、沃尔玛、亚马逊都是 OPM战略的高手和实践者。

由此，我们可以知道，企业除了债权式融资、股权式融资，还有一个就是从供应链合作伙伴融资的模式，叫"业务融资"。

企业经营一定要知道，不仅要从产品上要效益，还要从资金上要效益。关于这个话题，后续会继续深入探讨。

把企业的固定成本转为变动成本

有的企业会把人力资源外包，目的是解决业务波峰波谷的变动，忙时从第三方公司调来人力资源，闲时就让多的人回去，这样做企业就不用养所谓的"闲人"。本质是把固定人力成本转变为变动人力成本，从而降低了企业风险。

企业有两种成本，一种叫固定成本，另一种叫变动成本。从经营视角看，企业更喜欢变动成本，不喜欢固定成本。

变动成本随业务量增减而发生变动，如直接材料、计件工资、动力费、运输费用、销售佣金等。它的特点是：变动成本总额与业务量成正比，单位变动成本保持稳定，即变动成本的增加大致会导致收入的增加。变动成本可以理解成为"拧水龙头"，需要多少就拧开多久，不需要就关上。

固定成本是指那些不随业务量增减而发生变动的成本，如员工的岗位固定工资、固定资产折旧、房租等。它的特点是：固定成本总额在一定业务量范围内保持稳定。固定成本在一定意义上属于沉默成本，没有生意一件产品也没卖的时候，固定成本就在那里，不离不弃。

对于企业而言，固定成本占比越高，经营风险相对越高，反之，变动成本占比越高，相对经营风险越低。

我们也要注意，外包也是一把"双刃剑"。外包的目的往往是提高效率、降低成本，但企业一定要权衡哪些业务可以外包，哪些业务不可以外包，核心业务是绝不能外包的，企业什么时候也不能丧失对核心能力的把控。

2. 企业现金流预测表

在实际应用过程中，除了利用标准版本的现金流量表，企业往往会更加细化，即按照企业的实际状况——业务的来龙去脉编制适合自身的现金流预测表，即对未来月度或季度内企业资金的流入与流出情况进行预测。其目的是合理规划企业现金收支，协调现金收支与经营、投资、融资活动的关系，保持现金收支平衡和偿债能力，同时也为现金管控提供有力依据，从而更加精准预测未来现金流的状况，从而应对风险。

现金流预测是非常重要的企业业务及整体规划的工具，确保企业"有钱可用，用钱有效"。它能告诉你：

- 做成你想要的事什么时间需要多少钱？
- 你的钱能用多久？
- 什么时候需要筹钱？
- 什么时候是贷款的最佳时机？
- 中途想做一件大事提前得筹备多少钱？
- 针对未预料到的资金短缺问题提供预警。

表 2-1 是一份现金流预测表模板，企业在实际应用过程中可以根据业务的场景和模式进一步细化和调整。

表 2-1 现金流预测表模板

类别	项目		1月	2月	3月	4月	5月	6月	备注
期初现金	现金余额		上年年末数	—	—	—	—	—	
期末现金	现金余额			—	—	—	—	—	低于企业安全资金存量或为负时则预警
现金流入	经营性现金流入	##产品/服务/项目现金流入	—	—	—	—	—	—	
		##产品/服务/项目现金流入	—	—	—	—	—	—	
		##产品/服务/项目现金流入	—	—	—	—	—	—	
		其他	—	—	—	—	—	—	
		小计	—	—	—	—	—	—	
	投资性现金流入	收回投资的现金流入	—	—	—	—	—	—	
		取得投资收益的现金流入	—	—	—	—	—	—	
		处置资产产生的现金流入	—	—	—	—	—	—	
		其他	—	—	—	—	—	—	
		小计	—	—	—	—	—	—	

续表

类别		项目	1月	2月	3月	4月	5月	6月	备注
现金流入	筹资性现金流入	发行股票、收到投资的现金流入							
		取得借款、发行债券的现金流入							
		其他							
		小计	—	—	—	—	—	—	
	现金流入合计		—	—	—	—	—	—	
现金流出	经营性现金流出	购买原材料的现金流出	—	—	—	—	—	—	
		给员工支付工资及福利的现金流出	—	—	—	—	—	—	
		当期房租水电等各项杂费的现金流出	—	—	—	—	—	—	
		当期应缴纳的税费现金流出	—	—	—	—	—	—	
		其他							
		小计	—	—	—	—	—	—	

续表

类别	项目		1月	2月	3月	4月	5月	6月	备注
现金流出	投资性现金流出	对外投资的现金流出	—	—	—	—	—	—	
		购买固定资产的现金流出	—	—	—	—	—	—	
		建设基建工程现金流出	—	—	—	—	—	—	
		购买无形资产的现金流出	—	—	—	—	—	—	
		其他							
		小计	—	—	—	—	—	—	
	筹资性现金流出	归还借款本金的现金流出	—	—	—	—	—	—	
		支付股利、利息的现金流出							
		其他							
		小计	—	—	—	—	—	—	
	现金流出合计		—	—	—	—	—	—	
现金净流量	经营性现金净流量		—	—	—	—	—	—	
	投资性现金净流量		—	—	—	—	—	—	
	筹资性现金净流量		—	—	—	—	—	—	
	现金净流量		—	—	—	—	—	—	

敲黑板画重点：

1. 三个月及三个月内能够变现的，统称为现金流。

2. 现金流入量－现金流出量＝现金流净额。

3. 企业融资主要有两条路径：债权式和股权式。

4. 如果把企业比喻成人，那么现金流就是血液。

5. 经营是"造血"，筹资是"输血"，投资则是为了未来更好地"造血"而进行的积极主动的"放血"活动。

6. 阅读现金流量表，可以判断企业的生命周期及整体经营情况。

7. 外包背后有四个决策依据。

8. 企业经营不仅要从产品上要效益，还要从资金上要效益。

9. 现金流决定企业的生存，现金流管理是企业经营第一课，是企业的生存之道。

第 3 章

资产与负债：企业的家底

经营企业一定要了解自己的家底，所谓知己解彼，百战不殆。接下来我们用最古老的报表——资产负债表作为工具，来看一看企业的家底。

资产负债表是评估企业财务状况和经营能力的重要工具，通过阅读资产负债表，我们可以从多个维度和角度全方位地了解企业的财务和经营情况。它不仅可以为股东、投资者、债权人和其他利益相关方提供重要信息，也可以为公司的管理层提供重要的决策依据。

企业经营管理者可以通过它对公司的财务状况进行判断和预测，不断优化经营策略。资产负债表的使用更应着眼于企业经营风险的防范，把它作为指导企业经营改进和决策的核心指南。

3.1　企业经营的天平和六大干系人

前面提到过，资产负债表是最古老的一张报表，已经用了500多年。这张报表到底隐藏着怎样的智慧，值得我们好好研究一番。

首先，资产负债表是一个天平，一个恒等式（图 3-1）。

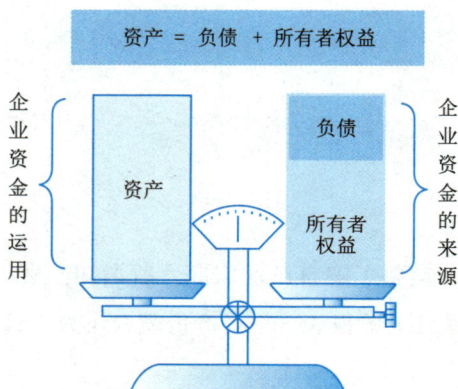

图 3-1　资产负债表是一个天平

天平的左端托着资产，右端托着负债和所有者权益。所谓恒等式，即左、右两端永远都是相等的。资产一方的总额等于负债和所有者权益一方的总额，所以是一个恒等式。天平的左端告诉我们企业"拥有什么"，右端告诉我们"如何来的"。左端告诉我们"资金的占用"，即钱都花在了哪里，右端告诉我们"资金的来源"，即钱都是从哪里来的。通过资产负债表，我们可以快速了解企业的整体状况，它是企业经营管理活动的静态体现，是企业的"财政一览表"。

资产和负债应该按照其性质和流动性进行分类排序，其价值应该基于可靠的数据和合理的假设，以确保准确反映实际情况。

图 3-2 展示了资产负债表的精髓。资产负债表的天平，有的企

业摆动幅度大，有的企业摆动幅度小，但最终都会趋于平衡。其实我们叫了这么多年的资产负债表，它的本名叫"balance sheet"，即"平衡表"，意思就是永远都是平衡的。

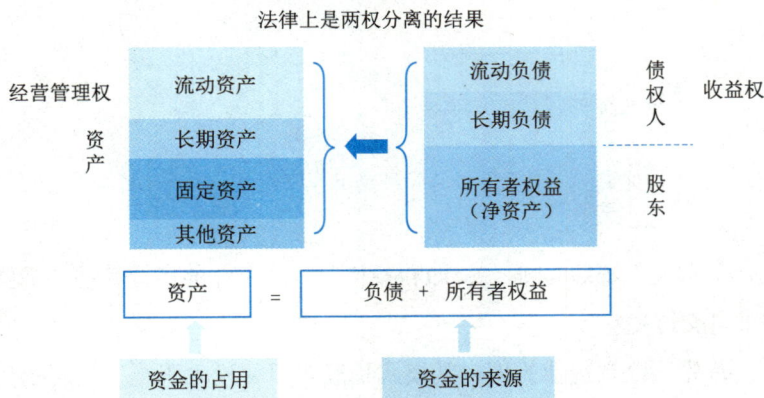

图 3-2　资产负债表的精髓

"平衡"二字意味深长，揭示了企业经营的本质，即永远在动态之中寻求平衡，平衡利润与现金流，平衡短期与中长期的利益。平衡之道是企业经营的大智慧。而平衡之道的左右两端永远离不开六个重要的"人"，我们称之为六大干系人（或六大利益相关者）。

1. 企业经营的六大干系人

在剖析资产负债表的具体项目前，我们首先要了解一下企业经营管理离不开的六大干系人（图 3-3）。

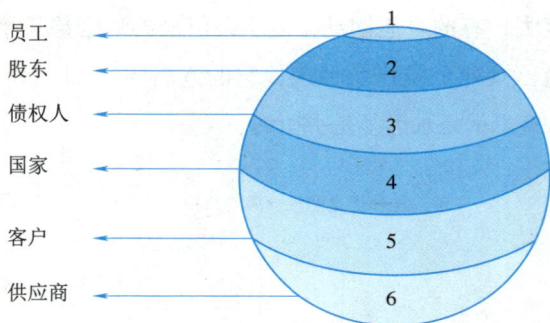

图 3-3　企业经营管理离不开的六大干系人

干系人（stakeholders），即利益相关者。企业的经营管理，都要跟谁打交道呢？

首先，以制造业为例，其模式是股东原始投入资金，然后招兵买马——员工，从供应商处购买原材料，生产出产品卖给客户，自有资金不够，还得找银行——债权人，企业作为合法经营的法人实体，还要依法向国家纳税。

少数企业不借钱，不跟债权人打交道，但绝大部分企业都会与这六个利益相关者打交道，而这些活动会贯穿企业经营全过程。

财务组织有其得天独厚的属性和职能，是企业内唯一能够实现与供应商、客户、债权人、股东、员工及国家所有利益相关者建立关联并进行效益验证的内部管理者。

2. 六大干系人与企业的关系

接下来，我们重点研究该如何与这"六个人"打交道。

我们可以在资产负债表中理解六大干系人的关系，如表 3-1 所示。

表 3-1　六大干系人的关系

科目		科目	
货币资金		短期借款	债权人
应收账款	客户	应付账款	供应商
		应付职工薪酬	员工
		应缴税费	国家
		负债合计	
		实收资本（或股本）	股东
非流动资产合计		所有者权益（或股东权益）合计	
资产总计		负债和所有者（或股东权益）合计	

企业与这六大干系人之间的关系，如果要进行排序，到底是以客户为本，以员工 / 人为本，还是以股东为本，在一定程度上决定了一家企业的基因和文化，决定了企业的核心价值观。

六大干系人的关系管理是现代企业治理的核心命题之一，它们之间复杂的关系就好似企业的"神经系统"，往往牵一发而动全身。企业的综合效能提升就是建立在这些利益相关者基础之上的。为了实现企业整体效能提升，企业不仅要重视股东利益，而且要考虑其他利益主体的利益。接下来我们用国内外一些优秀企业作为案例详细剖析。

3.2　沃尔玛干系人管理方法

沃尔玛是世界性连锁企业，主要涉足零售业，是世界上雇员最多的公司，截至 2024 年 8 月，其连续 11 年在《财富》杂志世界 500 强排行榜中居于首位。

接下来我们从利益相关者的价值管理角度对沃尔玛的成功之道进行系统分析。

作为一个零售商业企业，沃尔玛从进货、配送到销售，从日常经营到社会公益活动，必须与许多不同的利益方发生联系，这些利益方主要包括顾客、员工、债权人、供应商、政府、股东等。

顾客

沃尔玛把顾客放在首位，一方面是因为，顾客是企业财富的源泉，拥有良好稳定的顾客资源是企业财务目标实现的前提，对于沃尔玛这样直接面对顾客的零售商业企业而言尤其如此；另一方面是因为，沃尔玛始终把"满足顾客的需求"作为其首要原则。

沃尔玛满足顾客需求的方法是：天天低价和优质服务。沃尔玛致力于让购物成为一种享受，让顾客宾至如归，顾客永远排在第一位。

员工

零售是典型的"人"的商业，从最初沃尔玛创始人山姆·沃尔顿雇佣几个零售店员，到现在沃尔玛成为美国最大的雇主，尊重人、保证员工利益、进行有效激励是沃尔玛成功的一个重要因素。

沃尔玛向每一位员工实施"利润分红计划""员工折扣规定"和"奖学"，包括带薪休假、节假日补助、医疗保险、人身保险等。可以说沃尔玛尊重公司的每一个人，给员工最好的，是通过平等相待实现的。

这种"以人为本"的企业文化理念极大地激发了员工的积极性和创造性，员工为削减成本出谋划策，不仅设计别出心裁的货品陈列方式，还发明了灵活多样的促销方式。

债权人

债权人所提供的资金在企业资金组成中占有重要地位。在把资金借给企业后，债权人都希望企业能够努力经营，按时支付利息，自己到期收回本金。保持良好的信用、按时还本付息，是确保债权人利益的最好方法。1970 年，在上市之前，贷款是沃尔玛最重要的资金来源。从 1946 年第一次贷款 1800 美元购买冰激凌机开始，沃尔玛因开设新店和购置设备，经常到银行贷款。由于沃尔玛始终保持着良好的信用，总是按时清偿，银行为沃尔玛提供了充裕的贷款，保证了沃尔玛在早期得以快速发展。

供应商

供应商是企业供应链的重要组成部分，能否确保供应商利益并与其保持良好的业务关系，直接影响到企业的正常经营循环，从而影响财务目标的实现。沃尔玛重视与供应商建立友好融洽的协作关系，保护供应商的利益。

首先，沃尔玛避开了代理商等中间环节，直接从制造商那里进货，从而使拿出代理商的一部分利润给制造商成为可能。其次，沃尔玛以其强大的实力保证给予供应商一些优惠政策，如更短的现金付款期（比如美国另外一家零售企业 K-Mart 对供应的商品平均 45 天付款，而沃尔玛仅为平均 29 天付款），大大激发了供应商与沃尔玛建立业务的积极性，从而保证了沃尔玛商品的最优进价。最后，随着电子数据交换系统（EDI）的应用，沃尔玛与 1800 多家供应商实现了电子数据交换，这种先进的信息系统使得供应商能够及时准确地掌握其产品的销售情况，加快了商品流转速度。

在保证了供应商利益的同时，沃尔玛也从中获益不少。一是拥有了一批长期稳定的供货商，沃尔玛与宝洁公司、金宝汤公司、GE、雀巢、可口可乐及 3M 等供货商巨头保持密切的供销关系，从而为沃尔玛的海外连锁店提供了高效的供货渠道。二是与供货商之间的融洽合作关系使得较低的商品进价成为可能。三是有其强大的销售和信誉为保证，商品代销、赊购在沃尔玛成为较普遍的行为，从而降低了对流动资金的需求，提高了资金使用效率。这一切都为沃尔玛实现其财务目标提供了有力的保证。

政府

政府在制定经济政策、进行宏观调控并提供各种公共服务方面，对企业生产经营具有直接或间接的影响。对于沃尔玛这样的跨国公司，能否与所在国政府建立良好的关系，将影响到其进一步发展壮大和财务目标的实现。对此，沃尔玛通过一系列策略，与当地政府之间保持良好关系。

沃尔玛在全球扩张的过程中，始终坚持实现"本土化战略"：管理团队本土化、采购本土化、经营方式本土化，促进了所在国就业，增加了本国商品采购。再加上良好的政府公关，沃尔玛可以迅速在所在国站稳脚跟，并谋求进一步发展。例如：沃尔玛在中国的商店，除了高层经理之外，其他均为中国雇员，95% 以上的商品都是中国制造。通过全球采购，沃尔玛每年还将大量的中国产品销往海外。

股东

股东是企业的所有者，企业的重大财务决策必须经过股东大会或董事会的表决，股东对企业的财务管理具有重大影响，他们关心投资回报率和企业的发展。从满足股东要求和利益出发，沃尔玛加强与股东的交流，保证股东对公司的信心。充分的交流和优良的投资回报，使得沃尔玛的股东们更有信心与沃尔玛合作，支持沃尔玛的生产经营。

与六大利益相关者的利益共赢不仅让沃尔玛成为成功的上市公司，也成为一家赢得社会认可并获得商业成功的企业。这些朴素的管理理念体现了商业的本质和真谛。

3.3　六大干系人关系梳理

接下来我们结合华为的实践，梳理下每个干系人与企业的关系。

华为把"以人为本"进一步演变成"以奋斗者为本"，并写进《华为基本法》，"以客户为中心，以奋斗者为本"，长期艰苦奋斗，长期自我批判。

《华为基本法》核心价值观第五条是："华为主张在顾客、员工与合作者之间结成利益共同体。努力探索按生产要素分配的内部动力机制。我们决不让雷锋吃亏，奉献者定当得到合理的回报。"

华为的培训中心有个大标语是："为客户服务是华为存在的唯一理由。"

而《华为基本法》第八条是："我们的目标是以优异的产品、可靠的质量、优越的终生效能费用比和有效的服务，满足顾客日益增长的需要。质量是我们的自尊心。"

最重要的是客户。我们要体会客户对于企业，到底意味着什么。客户是企业利润和现金流的源泉。"客户是上帝"经常被提到，那你的企业到底花了多少时间及精力在满足和提高创造客户的价值上呢？

很多企业现在都在招募或培养一类人，叫"产品经理"或"解决方案经理"。只盯着产品的，是"三流的产品经理"。不光盯着产品，还盯着客户需求的，是"二流的产品经理"。"一流的产品经理"还得研究"客户的潜在需求"，比客户还懂客户的需求。之所以说乔布斯是伟大的产品经理，是因为好的产品经理是要引领客户（用户）的需求的。

客户至上，企业必须认真思考如何提高和创造客户价值。商业的起点永远是客户获利，即所谓"利他"。

客户如此重要，那客户的价值谁来创造？是员工，是人，是奋斗者。

所以六大干系人关系的整体逻辑应该是，企业首先要思考如何助力员工的成长及给予合理的回报，即为员工创造价值，员工才可能从长远的角度为客户创造有价值的产品或服务。企业跟员工尤其是跟知识型员工的关系，绝不仅仅是表面上的到点儿上下班打卡，到时间发工钱的白纸黑字一纸合约的雇佣关系，而是"联盟关系"——"我为你创造价值，你助力我成长"的关系。

只有员工满意了，提供了优质的产品或服务给到客户，客户满意了才愿意为我们的产品或服务买单，产生的现金流可以归还上游供应商，可以给债权人还本付息，可以给国家纳税，最后有剩余可以为股东分红，这是一个企业高质量可持续健康发展必须深思熟虑的问题。

华为以客户为中心，也从来都没有忽视过员工的利益。华为有一句话，叫"利出一孔，力出一孔"，华为内部经常讲，"不可以让雷锋吃亏"。

华为之所以优秀，就是踏实地把六大干系人的关系想明白并落地实践，甚至做到了把股东和员工合二为一。华为是一家 100% 由员工持股的民营企业，公司通过工会实行员工持股计划，截至 2024

年 12 月 31 日，华为员工总数约 21 万名，员工持股计划参与人数超过 16 万人，而且持股人数每年都在上涨。

大部分员工持股，从根本上解决了利益分配的问题，打造了坚不可摧的长期利益共同体，这种动态调整绑定员工与公司发展的"财富与权力共享"的模式是华为非常独特的地方。

接下来我们说说股东，股东是最先给企业投入的人，但是最后一个拿回报，企业赚了钱把该还的还完，最后即使有剩余也得满足扩大再生产的需要之后，才有可能分红，所以股东是为企业承担最大风险的人。对于经营企业而言，股东拿到分红其实是很难的一件事，创业不易，企业家很伟大。

最后我们说说债权人，想要银行更爱你，有个大前提就是你得内外兼修，内在得有"料"（优质抵押物），外在也要"颜值高"。

债权人跟股东不同，企业到时间还本付息即可，债权人不干预企业的经营。给钱用，却不干预经营，一定意义上是债权人最大的优点，也是债权式融资模式最大的优势。经常有人会讨论"股债孰贵"的话题，即企业在"输血"找钱的路上，债权式融资和股权式融资到底哪一个更好？除了计算资金的使用成本之外，我们需要弄明白，股权式融资模式下，如果股权达到一定比例，是要连带着控制权变化的，如果导致控制权发生转移，那这种资金的使用成本是最高的。所以，债便宜，股贵。尤其如果你的企业"颜值"足够高，利率是很优惠的。

处理好与债权人的关系，直接关系到企业的财务稳定和经营能力。企业应与债权人建立诚信、稳定、持续的合作关系，促进企业的长期稳健发展。

不同的身份扮演不同的角色，六大干系人每一个都对企业的经营有着深远的影响，对企业的发展成长起着关键的作用，企业的经营永远不能脱离这六个利益相关者，它们有着各自的预期：

- 股东：盈利增长、分红稳定。

- 员工：不失业、收入稳定、分享成功利益、成长。

- 客户：质量、服务、价格。

- 供应商：订货量增加、订货快速、付款快速。

- 债权人：到时间还钱。

- 政府：合法经营，按时纳税。

企业存在的意义在于创造价值，只有在满足其他利益相关者要求的前提下才能实现。这六个干系人的关系至关重要，优秀的企业坚持长期主义，必须思考如下关键问题：

- 为你的客户提高及创造价值。

- 投资你的员工。

- 与供应商 / 战略合作伙伴长期共赢。

- 获得债权人合理成本的资金。

- 维持好与国家的关系。

- 为股东创造长期价值。

最古老的平衡之道诠释了这些似乎最简单的商业常识，无论商业如何变化，商业的本质不变。

3.4　资产负债表的关键概念

前文我们分析了企业的六大干系人，接下来，我们把资产负债表进一步展开解读一下（表 3-2）。首先我们看一下资产负债表左侧的"资产"。

表 3-2　资产负债表

科目		科目		
货币资金	客户	短期借款	债权人	借
应收账款		应付账款	供应商	
存货		应付职工薪酬	员工	欠
其他流动资产		应缴税费	国家	
流动资产合计		**流动负债合计**		
长期股权投资				
固定资产				
在建工程				
无形资产		其他非流动负债		
商誉		**负债合计**		

续表

科目	科目		
长期待摊费用	实收资本（股本）	股东	原始投入
其他非流动资产	未分配利润		经营积累
非流动资产合计	**所有者权益（股东权益）合计**		净资产
资产总计	**负债和所有者权益（股东权益）合计**		

1. 资产

当下及未来能给企业赚到钱的就是资产。资产可分为两类，一类是流动资产，另一类是非流动资产。

流动资产

流动资产是一年或者一个营业周期内能够变现的资产，包括以下三项。

第一项：货币资金

即我们之前讲过的现金，现金是企业最核心的资产。

第二项：应收账款

应收账款对应的利益相关者叫客户，应收账款由赊销行为导致，即东西卖给了别人，但暂时还没收到钱。与其相对的，应付账款对应的是供应商，应付账款由赊购行为导致，即拖欠着供应商的货款没付。

为了知识的完整性以及更好跟企业实践相结合，在"应收账款"

之下，一般还有一个科目叫"预付账款"，在"应付账款"之下一般还会有一个科目是"预收账款"。

应收账款和预付账款是一对，应收账款是指被客户占用了现金，而预付账款是指被供应商占用了现金。

应付账款和预收账款是一对，应付账款一般是占用了供应商的现金，而预收账款是占用了客户的现金。

背后的关键在于江湖地位，即行业中的供求关系。

在企业实践中，这几个科目的管理绝不仅仅是财务部门的事，一般说来，应收账款和预收账款一定与销售部门相关，而应付账款和预付账款与采购部门相关。销售部门和采购部门如何应用财务管理的智慧，管理好各自分内的工作及最终如何更好地为公司整体创造价值，也是业财融合的关键环节。所以，销售部门和采购部门也是企业的业务融资部。

第三项：存货

存货包括原材料、自制半成品、没有售出的产成品及包装耗材等。尤其对于制造型企业而言，存货管理是经营管理至关重要的环节。存货管理也绝不只是财务部门的事，它跟采购、销售、生产、计划、仓储、运输等部门都相关。对于制造型企业而言，存货管理水平的高低是其精细化管理水平的重要标志，也是企业业财融合的重要命题。

非流动资产

非流动资产也叫长期资产，指一年或一个营业周期外可以变现的资产，包括以下三项。

第一项：固定资产和在建工程

固定资产的现有结构和规模是企业战略执行的结果，即中长期的投资行为，其变化应该反映企业战略布局和方向，应针对市场的动态变化做出相应的调整。

企业的长期资产除了固定资产，还有在建工程。两者的区别，首先是看"是否达到预定可使用状态"，达到了就转为固定资产，没有达到就是在建工程。一旦转成固定资产，就要对其提折旧。折旧了之后要么是成本，要么是费用，体现到利润表中，用于抵减当期的收入和利润。在建工程没有转为固定资产之前，不影响企业当期经营的业绩。

第二项：无形资产

对企业而言，商标、专利技术、许可、土地使用权，还有企业购买的 ERP 等软件系统，或是企业自己研发最后实现资本化的平台系统，这些全部是无形资产。

固定资产和无形资产，最本质的分别在于固定资产是有形的，无形资产顾名思义是无形的。针对有形的固定资产，每年年底企业都要进行实物盘点；无形资产因为看不见摸不着，则通过财务系统记录并逐期摊销的方式最终影响企业的经营。

第三项：商誉

严格来讲，商誉本质上不属于无形资产。商誉不能够独立于企业而存在，也因其具有不可辨认性，也不能单独确认。所有在资产负债表中的资产，必须满足资产计价的条件。到底是买来的，还是自己研发然后资本化的，财务需要把相应的成本费用归集出来，从而得到该项资产的计价依据。

但是商誉很特别，商誉指企业在收购另一家企业时，购买价格高于被收购企业所有净资产的总和，所形成的企业附加价值。比如一家企业资产负债表上有 100 亿元的净资产规模，但花了 120 亿元，多出来的 20 亿元就是商誉。商誉并不符合资产计价的条件，在中国的《企业会计准则》下面，商誉的形成只有一条路径——并购行为。我们如果观察到一家企业的资产负债表上面有商誉，那就说明它一定做过并购。

总结下来，商誉就是企业并购其他企业所付出的额外代价，仅在并购时产生，无法自行内部产生。之所以支付这种额外代价，往往因为被收购方的品牌声誉、客户资源、技术专利、管理团队、市场地位等的超额价值，未来能给收购方带来盈利。

商誉等于收购价格减去被收购企业可辨认净资产公允价值。其中可辨认净资产是指资产（扣除负债）的公允价值，包括有形资产（如设备）和可单独计量的无形资产（如商标、专利）。商誉不计提摊销，但需定期进行减值测试。如果未来收益未达预期，需计提商誉减值损失，直接影响利润表。因此，商誉对于企业而言是一把双刃剑。

综上，企业资产是不是越多越好呢？

资产不是越多越好，更重要的是资产的结构、质量和效率。结构决定效率，质量决定资产的盈利能力和风险，效率决定投资回报。相较于人效，资产的效率也称为"物效"。人效与物效，两手都要抓，后面章节会详细介绍。再如公司的增长模式是否依赖资

产扩张等内容，都是资产管理的核心命题，接下来的章节会详细
探讨。

2. 负债和所有者权益

接下来我们看资产负债表的右侧——负债和所有者权益。

负债

负债是表 3–2 右侧上面的部分。借款是借来的，应付给供应商
的叫应付账款，应付给员工的叫应付职工薪酬，要给国家上缴的叫
应缴税费，这些都是企业欠的，早晚要还。一年之内就要还的，叫
流动负债，比如短期借款、应付账款、预收账款等；超过一年才要
还的叫非流动负债，比如长期借款、长期应付款等。

应付账款、预收账款这些负债是不用给利息的，可以称为"好
负债"。为什么说是好负债，后文会详解。

负债一部分是借的，另一部分是欠的。借来的有利息，利息即
借来资金的使用成本，而其他项都是欠来的，正常情况下没有利息，
但涉及商业信誉，到了时间必须要还。

所有者权益

所有者权益的第一部分是实收资本，上市公司称为股本，它对
应的干系人是股东。

接下来是资本公积，是指企业在经营过程中由于接受捐赠、股
本溢价以及法定财产重估增值等所形成的公积金。资本公积分为资
本或股本的溢价、拨款转入及其他资本公积。资本公积的用途主要
是转增资本及增加实收资本或股本。我们可以把它跟实收资本（股

本）放到一起理解。

未分配利润，也叫留存收益，在资产负债表中至关重要，它的本质是企业经营的积累。

所有者权益有一个更好的叫法是净资产。我们可以这样理解，资产负债表左侧的资产，其实是通过右侧拥有的，有的是借来的，有的是欠来的，有的是自己原始投入的，有的是靠经营积累来的，而只有所有者权益才真正属于企业，所以叫"净资产"。股东最关注的指标 ROE 指的就是净资产收益率，后文会重点介绍。

总结一下，资产负债表可以告诉我们企业的家底：

左侧是当下拥有什么（what），即资金的占用，不是越多越好。

右侧是如何来的（how），即资金的来源，不是越少越好。有的靠借，有的靠欠，有的靠原始投入，有的是自己经营积累。

资产负债表，其实是一个存量，是一个记录，是一张照片。如果说现金流量表是企业过的真金白银的日子，那么资产负债表就是企业的家底，每个月末、季末、年末编制。具体如何通过资产负债表来判断一家企业的经营状况，我们在下一章进行讲解。

敲黑板画重点：

1. 资产负债表是一个天平，永远是平衡的。

2. 处理好六大干系人的关系——平衡之道，是企业经营的真谛。

3. 沃尔玛的六大干系人管理。

4. 华为"以客户为中心，以奋斗者为本"。

5. 资产负债表，其实是一个存量，是一个记录，是一张照片。

6. 资产的本质是资金的占用，不是越多越好。

7. 负债和所有者权益的本质是资金的来源，不是越少越好。

第 4 章

企业资产、资本结构规划：企业的平衡之道

当下，我们身处百年未有之大变局，世界的剧烈变化影响着每一家企业每一个人。不确定性是当今世界的显著特点。如何在不确定中把握确定，成为每一个企业经营管理者必须面对的课题。

与此同时，企业内部也面临着各种各样的问题，这些问题有的来自当下环境变化带来的新挑战，有的是过去经营中积累的历史遗留问题。问题何时出现？隐患何时爆发？没有一个确切的答案。

面对外部、内部各种不确定性因素，企业的经营自然也面临更多的风险。彼得·德鲁克曾经说过："动荡年代最大的危险不是动荡本身，而是仍然用过去的逻辑做事。"

正是因为如此，提升风险管控的认知和能力，以规则的确定性应对结果的不确定性，是当下企业经营管理的必修课之一。

但从实际的情况来看，目前大多数企业对于风险的感知是相对滞后的，往往只有在风险已经触发并对企业造成一定伤害的情况下，企业经营管理者才会有所感知。企业之所以不能提前预知风险，原因有很多方面，就我个人看来，企业没有认识到财务管理的重要性，或者企业经营管理者缺乏财务管理的能力是重要原因之一。

财务管理的核心价值之一，就体现在有效的风险防控上。数据是不会说谎的，让沉默的数据"说话"，借助资产负债表，通过分析企业的资产及资本的结构，我们可以深刻地了解企业当前的经营状态，从而优化结构并有效地防控风险，提升运营效率。风险的防控有事前、事中、事后之分，对于有效性而言，事前的价值大于事中，事中的价值大于事后。本书及本章的重点会放在事前及事中。

4.1　结构分析法：判断企业风险的关键指标

虽然大多数企业的财务部门会定期出具财务报表，但经营管理者真的能看懂的不多。在我接触过的企业中，更多的管理者只关注收入和利润，增长了就会很开心，却不关注相应应收账款和存货的变化。比如，企业财报显示营业收入增速提升，但经营活动净现金流增速大幅下降，且两个指标变动趋势持续背离，这背后反映了什么问题？有着怎样的风险？

接下来，我们就共同探讨一下，企业如何根据资产负债表去判断潜在的风险。

要读懂数字背后的风险，从而进行有效规划和防控，我们可以使用非常重要的财务思维——结构思维来阅读资产负债表，关键在于看懂资产负债表的结构。要了解资产负债表的结构，我们可以从几个关键项目入手。

1. 纵向的结构——如货币资金

货币资金是指企业所拥有的以货币形式存在的资产，可以立即投入使用购买货物或服务的资金，包括现金或现金等价物、银行存款或其他货币资金。我们可以把企业的货币资金与总资产的比值称为"现金水位"（即货币资金 / 资产合计数），企业的货币资金占总资产的比重越高，即"现金水位"越高，企业的经营风险越小。不差钱的企业抵抗风险的能力更强，这个很容易理解。

但如果企业拥有过多的货币资金，资金使用的效率和效益又会成为新的问题，这是很多"不差钱"的企业面临的课题。

以此类推，我们除了看货币资金的比重，还可以看其他流动资产，如应收账款、存货的比重。国有企业的考核指标中，经常讲的"两金压降"即指控制这两个项目的比重，因为它们占用了资金，而资金是有成本的。

同样的思路，我们也可以计算长期（非流动）资产如固定资产、在建工程、无形资产占总资产的比重，与企业的历史状况相比从而判断风险。如果长期资产占比越来越高，则说明企业在不断投资的过程中变得越来越重。例如，固定资产增长过快，尤其闲置的固定资产过多，会大量挤占流动资金，给企业经营带来巨大的风险。

2. 横向的结构——如应收账款与应付账款

信用社会钱物分离，主要的商业交易形式是赊销、赊购。当客户延迟支付货物或服务款项时就会产生"应收账款"，一般情况下，应收账款的回收周期越长，企业回款的风险就越高，要做好计提坏账的准备。与应收账款相对的"应付账款"，指的是企业以信用赊购材料、货物或服务而欠下的债务。

从企业经营风险的角度看，到底是应收账款大于应付账款更好，还是应付账款大于应收账款更好？答案是应付账款大于应收账款好。

从财务的角度分析，当企业的应付账款大于应收账款时，说明企业占用别人资金的能力大于别人占用自身资金的能力。这种模式前文提过，叫 OPM 战略，即用别人的钱做生意，核心是通过占用上下游资金（如应付账款、客户预付款）或延迟支付费用，减少对自有资金的依赖，提高资本利用效率，俗称"会做生意"。

但需要注意的是，占用别人的资金进行经营是一把双刃剑，过度使用会有损商业信誉。外部现金流固然重要，但我们依然不能滥用自身的行业地位。

3. 轻资产与重资产

我们经常会听到"轻资产"和"重资产"这两个概念。学过了资产负债表，你应该会非常清楚它们的本质区别，其实就是流动资产和非流动资产（长期资产）在报表中所占的比例不同。

假设有两家公司，A 公司和 B 公司。A 公司的流动资产占比70%，非流动资产占比 30%，相反，B 公司的流动资产占比 30%，非流动资产占比 70%。那么，A 公司的模式是轻资产模式（Asset-Light Model），B 公司的模式就是重资产模式（Asset-Heavy Model）。

轻资产和重资产，哪种模式更好呢？不同的资产配置，通常意味着不同的优势和风险，并不能简单认为轻资产一定好，重资产就一定不好。下面我们分别加以说明。

轻资产模式的企业倾向于减少自有固定资产投入，依赖外部资源（如外包生产、租赁设备）和无形资产（品牌、技术、客户关系）运营，核心是"以轻驭重"。典型行业如互联网、高科技、零售等，代表企业如耐克（生产外包）、苹果（自研设计＋代工）等。

在经营企业的过程中，轻资产模式赢在"敏捷"，即灵活度高，变现能力快，即来钱快，效率高。这样的企业可以把更多的精力放在挖掘客户需求、研发新品以及打造品牌上。民营资本相对更倾向于投资那些具有轻资产模式，变现能力更强的企业。但轻资产模式下，企业对外部供应商有较强的依赖性，容易缺乏价值链上的话语权。所以，轻资产模式如大幅度外包，一定要注意对产业链的整体把控能力，尤其是对上游的合作伙伴的把控整合能力，否则非常容易失控。此外，轻资产模式的门槛相对较低，容易被模仿；同时还缺乏资源、规模等优势，对组织人才的能力要求也相对更高。因为资产结构中变动成本占比高，所以轻资产模式的企业经营的核心逻辑是管控好变动成本，才能赚取更高利润。

重资产模式的企业大量投资于固定资产（厂房、设备、仓储等），通过规模化和全产业链控制实现盈利，核心是"以重固本"。典型行业如制造业、能源行业、通信行业、交通业、航空业，代表企业如特斯拉（自建超级工厂）、中石油（炼油设施）等。

重资产模式的企业具有资源、规模等优势，门槛和护城河也会更加坚固，容易形成中长期竞争优势。但前期资金压力大，变现能力又比较弱，投资回收期较长。所以我们也就不难理解为什么像能源、通信、交通等行业，都是央企、国有企业在做。除了因为这些行业是国家命脉之外，还有一个重要的原因：这些行业全部是重资产模式，前期的资金投入非常大，国有资本相对更加适合。

现阶段来看，轻资产模式大行其道，尤其是互联网公司，几乎都是在轻资产模式下获得的成功。但是，重资产模式的企业就无路可走了吗？当然不是，有些行业天生就是重资产模式的，只不过需要在经营和管理上格外注意防范自身模式的风险。

一是做减法，即"减肥"。重资产模式的企业要跟自己比，跟同行业比，可以从战略层面做一个中长期规划，比如3~5年的规划，对现有业务做减法，聚焦在擅长的领域，对资产尤其是长期资产进行盘活利旧，实现系统性瘦身，从而提升企业效率。

二是做加法，即做大规模。重资产模式因为前期投入大，资金密集，进入门槛也相对较高，一旦形成规模优势，突破保本点，赚取超额利润的能力会大幅增强。重资产企业经营的核心逻辑是提升优势产品的业务量及产能利用率，扩大规模。

关于轻、重资产模式，有一个问题需要思考：有很多高科技企业虽然资产负债表上流动资产占比更高，但是成本开支主要以人力成本为主，这一类企业到底属于轻资产模式还是重资产模式？

答案是重资产模式。分析这些企业的经营实质，你会发现其实它们的成本结构以固定成本为主。因为高科技企业的重头开支就是人力成本开支，而这些开支中相当大的比重是固定成本。所以从经营风险的维度看，这些企业的本质是以人力成本为主的重资产企业，风险也很高，其核心管理命题是提高人效，后文会详细阐述。

总的来说，不同的资产配置模式，意味着不同的经营风险，也意味着不同的战略选择。当代企业的经营管理能力越来越重要，根据所在行业及企业自身情况，制定与企业自身战略相匹配的资产模式才是王道。

4. 高杠杆与低杠杆

"杠杆"这个词非常形象，有的企业资产负债表的天平摆动幅度会大一些，即高杠杆。有的企业资产负债表的天平摆动幅度小一点，即低杠杆，但最后一定是平衡的。摆动幅度大就是相对风险高，摆动幅度小就是相对风险低。

从财务的角度来说，资产负债率，也就是企业负债与资产的比值，是衡量一家企业的财务杠杆高低的核心指标，即企业拥有的资产中，有多少是借的、欠的。因为借的和欠的早晚是要还的，这就是企业的风险。

当然，资产负债率的高低没有绝对，杠杆越低并不代表企业越优秀。在分析中，我们必须要结合行业、企业的成长阶段及决策者的风险偏好进行综合评价，并合理利用。

除了资产负债率，企业实际经营活动中，还会应用有息负债率。比如有些企业的负债中，应付账款、预收账款等无息负债占比较高，这在一定意义上说明企业在价值链条上的主导地位，反而是一种行业地位竞争力的体现。

5. 企业的净资产

企业的所有者权益又叫净资产，它是衡量一家企业经营状态的关键指标。如果一家企业将各方面的风险都控制到了最低，但经营周期结束后企业并未实现业绩增长，风险的防控也就失去了意义。而假如一家企业虽然某些环节的风险相对较高，最终却换回业绩的大幅度增长，那这种风险也是要去承受的。资产负债表中企业净资产的结构，就是盈利状况的直观体现。

企业资产中只有扣除所有负债后享有的权益才真正属于企业自己，相较于所有者权益，"净资产"这个叫法更接近其本质。

净资产中有两个非常重要的项目，一个是股本（非上市公司叫实收资本），也就是股东的原始投入；另一个是未分配利润，即企业经过一系列经营过程最后的积累。就像滚雪球一样，企业经营的目标之一就是希望这个雪球越来越大，所以未分配利润的实质是指"企业经营的积累"。

如果一家公司的股东原始投入即股本远远大于未分配利润，那这家公司其实处在所谓的"烧钱期"，企业的经营主要靠股东的原始投入。处在这一阶段的企业，自然也要面对很高的风险。这就是净资产的结构分析。

综上，我们不仅要学会阅读资产负债表，更要懂得如何去解读其中的数据和结构，利用数据分析的结果，去做好企业的经营与管理。这也是本书一直在强调的"业财融合"的价值所在。

4.2　企业的两种复合型风险状态

前文我们通过资产负债表中一些关键项目的结构分析，解读了企业可能会面临的一些风险。但在实际的经营中，很多企业的结构是复合型的，面临的风险也更多以综合的形式出现，即纵横交错的结构。接下来，我们继续深入探讨，企业有哪些复合型的风险状态。

1. "双高"模式

所谓"双高"模式，指的是"重资产＋高杠杆"。重资产企业本身变现慢，回流慢，非常容易出现现金紧张的问题。而高杠杆又大大增加了偿债的紧迫性，银行会不停地催要利息及到期的本金，又会加剧企业现金紧张的情况。所以，"双高"模式下，企业的财务非常脆弱，哪怕一些简单的问题，都可能造成极为严重的后果，企业经营的风险可想而知。

如果你的企业属于"双高"模式，在经营管理的过程中一定要保持谨慎的心态。尤其是在现金流的管理上，不仅要确保稳定的现金回流，还要注意不要轻易在商业谈判中延长账期，因为任何一笔现金的延迟都会导致连锁反应，给本就脆弱的现金流带来更多压力。

2. "三高"模式

"双高"模式下的企业，财务状况已经非常脆弱，如果这个时候还恰好在"烧钱期"（即未分配利润远远小于股东的原始投入），我们可以形象地把这种状态比喻成"高血糖、高血脂、高血压"的"三高"模式。在这种模式下，企业面临的风险更大，这类企业经营的常态就是缺钱，CEO也好，CFO也罢，总要为钱发愁，除了抓好主营业务，融资即找钱似乎是永远不变的核心课题。

"双高"模式也好，"三高"模式也罢，其实都可以通过分析财务报表，去提前识别风险。

资产的结构决定成本的结构，企业的资产模式越重，它的固定成本占比就会越高，企业的盈亏平衡点就会越高，企业的经营风险就会越大；但进入门槛也会越高，靠做大规模摊薄固定成本才有利润空间。

优秀的CFO需要在动态的内外部环境中灵活调整企业的资本结构，让企业既有钱可用，又可以有效防范风险，在动态环境中找到有机的平衡，从而助力战略目标的达成。关键策略如下：

第一，动态环境监控，包括外部环境跟内部环境两个方面。外部环境如宏观因素（利率、汇率、通胀率及货币政策）、行业趋势（竞争格局、供应链稳定性、技术变革）、资本市场（股权融资窗口期、债券市场流动性、投资者风险偏好）等。内部环境如现金流韧性、杠杆水平、业务需求（如并购、研发投入、产能扩张）等。

第二，灵活运用融资工具。包括债务融资、股权融资、混合资本（如可转债、永续债）、资产证券化（盘活存量资产如应收账款、基础设施REITs）、OPM模式（强化供应链金融如延长应付账款周期、预收客户款）等。

第三，动态调整债务结构。包括短期债务与长期债务、固定利率与浮动利率、货币结构（如海外收入企业发行外币债）等。

第四，风险对冲加固财务安全垫。确保关键指标安全边际，现金储备覆盖 6 个月以上运营支出，关注外汇远期合约（FX Forward）对冲利率与汇率波动等。

第五，资本结构与战略协同，与业务周期同频共振。不同发展阶段的企业可采用的资本结构策略与典型动作如表 4-1 所示。

表 4-1　不同发展阶段企业可采用的资本结构策略与典型动作

企业阶段	资本结构策略	典型动作
初创期	轻资产 + 高股权融资	引入风投、可转债，避免早期高负债风险
成长期	适度加杠杆支持扩张	发行高收益债，供应链融资加速产能建设
成熟期	稳健杠杆 + 高分红 / 回购	发行投资级债券优化成本，回购股票提升 ROE
衰退期	去杠杆 + 资产剥离回血	出售非核心资产，债转股降低违约风险

第六：沟通与治理，平衡利益相关者诉求。投资者关系管理方面，明确资本分配政策（如分红率、回购计划），稳定市场预期；强调资本结构调整逻辑。与董事会及 CEO 协同方面，将资本结构目标纳入战略规划；避免过度追求 ROE，导致短视决策（如滥用杠杆收购）。

总结一下，优秀 CFO 的资本结构管理公式就是：最优资本结构 = 战略目标 / 风险容忍度 ×（资金成本 + 市场窗口）- 外部冲击。

终极目标是让资本结构成为企业穿越周期的"稳定器"与价值创造的"加速器"。

　　企业存在的终极目标在于创造价值，而财务的逻辑实际上揭示了这个创造价值全过程的底层逻辑。不懂这个底层逻辑，很多决策可能都是拍脑袋、凭经验，成功也没有保障。

　　报表是"体检表"，企业需要做到业财融合，业务要懂财务，财务要懂业务，才能从财务和业务的双重角度去解读和防范风险，提高经营管理的能力。

4.3　"四两拨千斤"：负债的杠杆作用

　　接下来，非常有必要聊一下负债的杠杆作用，即所谓"四两拨千斤"（以下的杠杆主要指的是财务杠杆）。

1. 不同杠杆下的商业模式

　　表 4-2 中有五家公司 A、B、C、D、E，都做了 1000 万元规模的生意，它们有什么不同呢？

　　以公司 A 为例，公司 A 是兜里有 1000 万元，就做 1000 万元规模的生意。公司 E 是兜里只有 100 万元，但规模做到了 10 倍，即做 1000 万元的生意。这五家公司贡献了五种做生意的模式。

　　接下来我们算一下资本金利润率，即用利润除以注册资本。这个指标用来了解股东以注册资本金为基础能赚到多少利润。以公司 A 为例，它的资本金利润率就是 20%。

表 4-2　负债的杠杆作用示例

单位：万元

模式	A	B	C	D	E
投资	1000	1000	1000	1000	1000
注册资本	1000	700	500	300	100
负债	/	300	500	700	900
利润	200	170	150	130	110
资本金利润率					

现在我们来看表 4-3 中五家公司的资本金利润率。从公司 A 到公司 E，或者说从第一种到第五种商业模式，资本金利润率越来越高。

表 4-3　负债的杠杆作用——不同公司的资本金利润率

单位：万元

模式	A	B	C	D	E
投资	1000	1000	1000	1000	1000
注册资本	1000	700	500	300	100
负债	/	300	500	700	900
利润	200	170	150	130	110
资本金利润率	20%	24.3%	30%	43.3%	110%

财务杠杆背后就是财务战略，是企业的资本结构。

现在我们来思考一个问题：如果要创办一家公司，你会选哪种商业模式？或者你现在所在的企业，是哪一种商业模式？这五种商业模式你认可哪一种？

接下来我们说说这五种商业模式背后的逻辑。

D 和 E，我们统称为激进型，E 更激进一些，它的杠杆高，加了 9 倍的杠杆。C 做生意的模式是自己掏一半，再借一半，这种我们称为平衡型。A 和 B 我们都叫保守型，或者叫谨慎型，如表 4-4 所示。

表 4-4　负债的杠杆作用——不同的商业模式

单位：万元

模式	A	B	C	D	E
投资	1000	1000	1000	1000	1000
注册资本	1000	700	500	300	100
负债	/	300	500	700	900
利润	200	170	150	130	110
资本金利润率	20%	24.3%	30%	43.3%	110%

2. 影响企业商业模式的决定因素

以上五种商业模式没有对错，杠杆与资本结构的选择与以下三种因素有关。

（1）风险偏好

杠杆与资本结构的选择跟决策人的风险偏好直接相关。有些人骨子里相对更喜欢冒进一点，即天生的冒险家，可能会选 C 或者 D。

经济学有个规律永远不变，叫风险与收益永远成正比。这五种商业模式越到后面，资本金的回报率越高。有的决策人就是要大刀阔斧地往前冲，有的相对就要保守稳健，这是风险偏好的问题。

（2）宏观经济环境

比如当下越来越多的企业选择稳健经营。日子不好过，赚钱越来越难，"活着才是硬道理"。

（3）企业所在的行业特点及自身的发展阶段

一家企业的资本结构一定也跟企业自身所处的成长阶段及行业性质相关。一个处于成长期和重资产、资金密集型行业的企业，一定会想方设法使用银行的钱，与债权人的价值管理是这样的企业必须深耕的功课。

反之，处于成熟期的企业，尤其手里握有大量现金又没有更好的投资扩张路径的时候，即企业不缺钱，也不明确如何花钱的时候，当然也就不需要大力借助杠杆。

你不妨想象一下存在一个旋钮，企业的资本结构是在动态环境中去寻找适合自己的平衡，经济形势相对比较好，企业又占着天时和地利，肯定要相对积极地利用杠杆，反之，则必须要往回调，适度慎用杠杆。而如何调动旋钮，什么时机调动旋钮，找到科学使用杠杆的法门，是每家企业的 CFO 乃至 CEO 都必须学会的本领。

企业的资本结构不是一成不变的，而是在动态中寻找平衡。做企业之所以难，就是因为它永远需要在动态当中做对自己最有利的取舍，寻找一个更佳的平衡。而学习财务管理的价值就在于可以大大提升平衡及运筹的能力。

3. 优序融资理论（pecking order theory）

优序融资理论主要是关于公司资本结构的理论，即选择融资渠道的先后顺序。新项目融资时，优先考虑使用内部的盈余，其次采用债权融资，最后考虑股权融资，即遵循：内部融资＞债权融资（银行贷款、债券）＞股票融资。

总的原则是优先使用低成本的融资方式及不稀释控制权的资金，我们以老干妈这家企业为例进行说明。老干妈一直坚持用最传统的商业模式经营和"不上市、不贷款、不融资和现款现货"的理念。从融资模式来看这家企业，20 世纪 90 年代后期，它的年利润就超过了千万元，经营积累留存的自有现金流足够满足扩大再生产的需求。其现金流和利润都很充足，不需要贷款，对上市的需求也有限。不上市就避免了受其他资本力量的控制，保证公司的独立性，也不需要和其他股东一起分享利润。所有赚来的钱，都属于陶华碧家族，这样可保证股权控制权长期稳定。

现金流充沛，轻资产运营，零有息负债（资产负债率长期低于20%），老干妈这种完全靠内部融资的做法，即用留存利润来投资，大概率跟陶华碧本人的风险偏好相关。假如老干妈使用杠杆快速扩大产能，或通过赊销快速扩大市场占有率，或者上市，很有可能不仅仅是今天的规模。当然还有另外一种可能，就是风险没有把控住，当家说了算的就不一定是陶华碧家族了，或者就没有今天的老干妈了。

老干妈充分利用快消品行业的优势，相比科技企业，低研发投入，渠道预收款，规模经济明显，天然适配内部融资。上市并非衡量一家企业优秀的唯一标准，能活下来又能稳健发展壮大的经营策略都是好策略。

老干妈是优序融资理论的典型案例，其成功源于行业特性与创始人价值观的独特结合，但这一模式不具备普适性。对多数企业而言，优序融资理论的指导意义在于：优先挖掘内部资金潜力，慎用股权融资。而老干妈的存在，提醒我们财务理论需纳入"人"与"文化"的变量。

4.4　学以致用：不同岗位如何运用资产负债表进行风险防范

接下来，我们来探讨一下，企业不同岗位该如何应用财务管理的工具，即业财的有效融合来提升经营管理能力。

1. 销售

如果你是一名销售人员，必须要懂财务知识，因为销售人员经常要参与商业谈判，不懂商业的语言是很容易吃亏的。比如签合同时要了解针对相应产品和服务的税收条款，要与财务专家一起协作看看合同中怎样的税收条款对自身的企业更有利。

现在大多数企业考核销售人员，除了收入的增长，还要考核现金的回款。所以销售人员不仅要关注收入，也要关注资产负债表中的应收账款。如果销售人员为提升业绩如收入指标，加大赊销的规模，导致企业应收账款增长比收入还要快，对于企业而言是非常危险的。管理好企业的收入质量至关重要，通过提升合同质量（关注细化回款条款）、做好信用控制，从而把控赊销风险，这样销售业绩才能真正达标，企业经营的风险也才能有效防控。

同样，销售人员可以通过阅读客户的财务报表来定义客户的等级，制定有效的销售政策，确定赊销比例、回款条件等，也可以通过阅读竞争对手（友商）的财务报表，来制定自己的营销策略，做到有的放矢。企业应将"应收账款周转率"纳入大区经理考核指标，以有效降低坏账率。

2. 采购

如果你是采购人员，现在企业需要为集中采购选择供应商，有三家公司投标。其中一家公司的产品不错，价格也合适，服务也好，你很想与它合作。但是通过阅读它的财务报表，你发现它是一家"重资产 + 高杠杆"的"双高"模式企业，那你还要不要与它合作呢？

如果你选择了它，最起码已经预见了一个显而易见的风险，那就是要做好准备经常被它催着要账。想有效占用它的现金流是比较难的事情，因为它真的缺钱。也因为缺钱，后续会带来一系列的风险。

现实当中，很多企业的采购人员招标根本不看合作方的财务报表，或者说看不太懂，所以通常只是走个形式，这实际上浪费了一个非常宝贵的防控风险的机会。

当然，选择供应商除了预见识别财务风险，还有其他的考量，此处不再一一展开。

3. 生产人员

生产人员需要懂财务吗？当然！

现金流中"两金"的第二金就是存货的管理。存货主要包括原材料、在产品及未售出的产成品等，所以存货的管理不仅跟采购相关（原材料部分），也与生产相关（在产品部分），还与销售相关（产成品部分）。所以企业的存货管理必须要跨部门沟通协作，财务负责拿数据，每个相关部门参与共同探讨存货的科学管理对策才是王道。

4. 人力资源部门

人才是企业最核心的表外资产，而企业最核心的牵引指标是人效指标。人力资源部门要匹配公司战略制定人力资本规划。人均收入、人均利润、人均成本、劳动生产率等一定要结合财务数据和指标进行设定、跟踪和诠释。

5. 财务 BP

财务 BP 作为管理会计专家，必须驻场，深入业务一线，比如说跟销售人员一起去拜访客户，看合同到底该怎么样签，才能更好地实现风险管控。财务 BP 也可以跟采购人员一起走工厂参加招标谈判，选择更靠谱的合作伙伴，助力企业长期有效成长。财务 BP 更应该站在老板的角度综合防范风险，现场指导数据应用，提出有价值的建议。

6. 总经理

作为"一把手"必须要懂财务，我们经常说"越优秀的企业老板越懂财务""越优秀的企业老板越重视财务"，因为企业经营管理的本质就是业财融合的管理，本质上是通过业财融合将财务思维嵌入业务全流程。财务的思维一定意义上就是老板的思维。这样企业才能进可攻、退可守，才能长期有效、高质量健康成长。"一把手"要掌握核心财务概念，建立业务决策的"财务标尺。"

平衡表的"平衡"二字，讲的是上下左右综合的平衡，短期与中长期的平衡，道出了企业经营的真谛。

每个企业都要专注做好自己的事，有对风险管理的预案，有对未来发展的预期，从实践逻辑中寻找确定性，以规则的确定性应对结果的不确定性，主动求变、以变应变、变中求胜，坚持长期主义，提升竞争力，从而实现高质量发展。

敲黑板画重点：

1. 看资产负债表关键在于看结构，左边是资产的结构，右边是资本的结构。

2. 货币资金占比越高，风险越低。

3. 应付大于应收，说明企业在供求关系中的地位较高，故风险相对较低。

4. 不能以丧失商业信誉为代价，永无止境地去压榨上下游供应商的价格和资金。

5. 资本来源的四个渠道：金融性负债、经营性负债、股权式融资与自身经营积累。

6. 资产负债率是衡量企业的财务杠杆的高低及企业长期偿债能力的核心指标，有息负债率往往更有实践价值。

7. 理解轻资产模式与重资产模式的区别。

8. 理解低杠杆模式与高杠杆模式的区别。

9. 理解企业的"双高"及"三高"症状的判断和风险解读。

10. 人才是企业最核心的表外资产，警惕表外负债——或有负债的风险。

第 5 章

盈利：企业的发展之道

在激烈的市场竞争中，企业要想立于不败之地，持续稳健地经营与发展，获取利润的重要性不言而喻。盈利是企业经营绩效的重要指标，表明企业正在按照既定的经营策略运营并取得了良好的收益。企业唯有持续获得利润，才有可能持续投资进行研发，开拓市场销售渠道，引进先进技术手段来提高工作效率，保证企业能够按照既定的战略方向发展。

生存靠现金，发展靠利润。

前几章我们系统学习了现金流量表和资产负债表，接下来继续学习企业的面子和发展——利润表（又叫损益表）。对于绝大多数企业管理者而言，相较于前两张报表，最熟悉的就是利润表了。

观察利润表（图5-1）的结构你会发现，它就像一个漏斗一样，从上往下依次是营业收入、成本、费用、税收，最后得到净利润，漏斗型的利润表是经典的分步式结构报表。与利润表相对应的是之前的一个恒等式：

$$利润 = 收入 - 成本（包含费用）$$

注意不是：

$$收入 - 成本（包含费用）= 利润$$

这个顺序的意义在于，利润是企业积极主动有效经营管理的结果，即"以终为始"，后者则没道出积极主动利润管理的真谛。

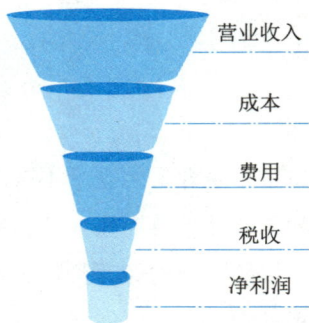

盈利能力VS盈利质量

图 5-1　利润表

图 5-2 把几个不同层级的利润形象地呈现了出来。

阅读利润表的时候，如果让你抓重点关注两个项目，你最先看哪两个？

很多人告诉我，第一看"收入"，第二看"净利润"，你也一样吗？

在我看来，这是最标准的非专业看法。难道看收入和利润不对吗？西方对收入和利润的叫法很生动，他们习惯把收入叫作"top line"，把净利润叫作"bottom line"，同样，他们把收入增长叫作"top line growth"，把利润增长叫作"bottom line growth"，意思即管理一定不能顾头不顾尾，不能只管"top line"，也必须要管"bottom line"。

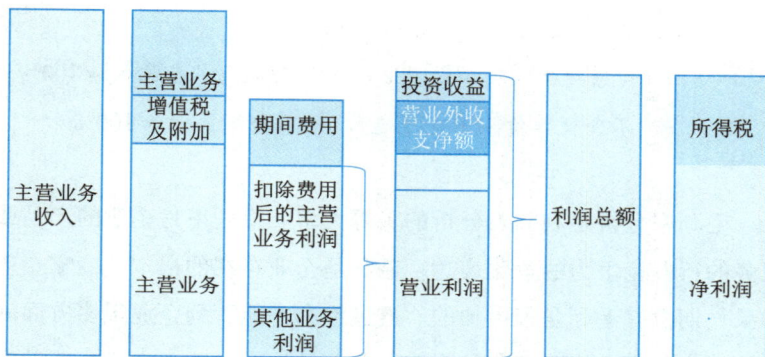

图 5-2 不同层级的利润

利润表提供给我们的信息，尤其是对经营管理的指导意义，绝不仅限于"收入"和"净利润"的数字。

接下来我们分别从企业的盈利能力和盈利质量维度展开对利润表的系统探讨，了解盈利水平、利润来源及其结构，从而有效制定经营策略。

5.1 企业盈利能力及盈利质量分析

何为盈利能力？读利润表，除了看收入和利润，我们首先要计算出一个数字，用收入减掉成本即得到毛利（也叫毛利润）。商业的本质是交易，而交易的利差，即买卖的价差，就是毛利。用毛利除以收入，得到一个比值，就叫毛利率（gross profit margin）。

$$毛利率 = 毛利 / 营业收入 \times 100\%$$
$$= （主营业务收入 - 主营业务成本）/ 主营业务收入 \times 100\%$$
$$= （不含税售价 - 不含税进价）/ 不含税售价 \times 100\%$$

毛利率分析是利润表分析的头等大事。毛利率是企业的产品或服务的行业竞争力的量化表达。毛利是企业存在的根本，一家企业如果长期没有毛利是很可怕的。透过毛利率能看到企业很多方面的问题，比如企业战略定位的影响、业务结构的影响，它与企业的竞争战略密切相关，是企业定价策略的反映，是企业的行业竞争地位的反映。

企业经营不能做亏本的生意，要经营盈利，首先要获得足够的毛利。

那究竟该如何分析毛利率呢？比如，关注公司整体毛利率的趋势，能够判断企业的整体竞争力及整体发展态势。相对于企业整体的毛利率高低，对于企业的经营管理而言，更重要的是详细分解，我们提供以下三种分解思路。

1. 按产品分解

从产品维度分解毛利率，我们可以使用"二维四象限矩阵图"（图 5-3），横轴代表毛利率，纵轴代表销量（市占率）。

我们拿餐厅不同的菜品作为例子说明如下。为了便于大家理解应用，此处借用波士顿矩阵对企业不同产品的叫法，但分解的维度与波士顿矩阵并不完全相同。

销量（市占率）

+ －瘦狗产品　　　＋＋现金牛产品

－－问题产品　　　－＋明星产品

O

毛利率

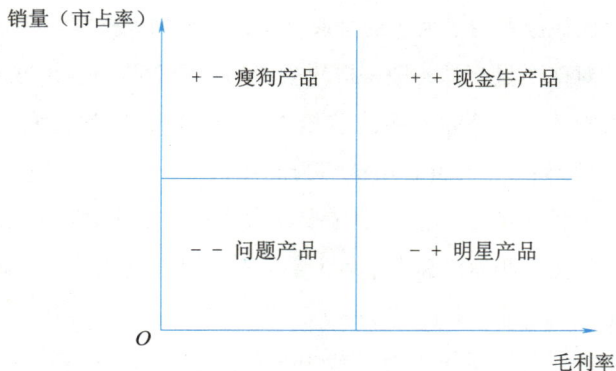

图 5-3　"二维四象限矩阵图"

销量高毛利高（现金牛产品）

销量与毛利都高的产品就好像餐厅的招牌菜，是竞争对手没有的，点单率很高，价格也很美丽。此类产品为企业带来稳定的现金流和高利润，俗称"现金牛"，也有人很形象地称之为"印钞机"。企业经营活动净现金流的最大贡献者就是现金牛产品。

企业对待现金牛产品大体采取保持战略。要保持住市场份额，必须要保证相应的资源投入。现金牛产品，就比如苹果公司的iPhone，三大通信运营商的传统话费流量业务，微软的 Windows 和 Office，谷歌的搜索业务，都是现金牛产品。

销量低毛利高（明星产品）

就好像餐厅刚上市的新菜，在充分调研顾客需求基础上开发的新菜品可以相对定高价，但是大众接受还需要一定时间。这样的产品处于迅速增长期，未来前景广阔。明星产品虽然有着极好的增长机会，但往往也占用了大量的企业资源，需要加大投资。

企业对待明星产品一般采取增长战略。资源重点投放在营销上，积极扩大投入，在竞争对手之前抢占市场，以长远利益为目标，提升市场竞争地位。比如前几年华为的手机产品等个人消费品业务、亚马逊的云计算业务。企业会选择加大投资力度来大力发展这一类产品，一旦明星产品成为现金牛产品，企业就会迎来下一个爆发期。

销量高毛利低（瘦狗产品）

这种就是餐厅的大众菜。瘦狗产品俗称衰退期产品，这类产品市场饱和，竞争激烈，利润低，一般都是处于保本和亏损状态，不是企业资金和利润的主要来源。

企业对于瘦狗产品一般采取收缩战略，通过逐步减少市场份额，慢慢退出，乃至于淘汰，将相应的资源转向其他产品。最典型的就是早年苹果公司的 iPod touch，微软的智能手机，老车型的汽车配件等。要注意的是，往往企业之所以保留瘦狗产品没有砍掉，是因为它可能是引流品，或者是极致的成本领先的老产品，可以摊薄固定成本。

销量低毛利低（问题产品）

问题产品并不能简单理解为某个产品或者业务有问题，而是更多指不确定性非常强，通常市场增长率很高但是市场占有率很低，高增长、弱竞争。之所以叫问题产品，就是企业也不确定它有多少可能性未来会发展成明星产品甚至现金牛产品，还是最终成为瘦狗产品。这一类产品往往是新产品。

对于问题产品企业多采取选择性战略。企业需要对问题产品进行系统分析，对于通过改进或者加大投资有可能会成为明星产品的进行重点投资，采取增长战略；而对于那些优势不明显，可能出现瓶颈的产品，要选择性放弃，即采取收缩战略，视同瘦狗产品对待。

这里我们可以思考一个关键问题：对于企业而言，什么情况下，问题产品不仅不能砍掉，还要加大投入呢？

有一类产品，卖得少，短期不赚钱，企业却依然选择保留它，甚至还要加大投入，因为它是企业的未来，即所谓的"战略山头项目"。

企业经营追求长期有效可持续增长，必须时刻思考什么产品是今天赚钱的，什么产品是明天赚钱的，甚至要思考什么产品是后天赚钱的。

这里我们也可以理解为企业的产品矩阵分析，这四个类型就像一个产品的生命周期，每个好的产品都要经历四个步骤：

- 问题产品：开发阶段面临非常多的不确定性，认准了坚定投入可能成为明星产品，当然也可能成为瘦狗产品。
- 明星产品：开发出了明星产品，企业一定会加大投入，寄予厚望，要资源配资源。
- 现金牛产品：明星产品的天花板就是现金牛产品，开始为企业带来大量的现金流。
- 瘦狗产品：当一个产品到了衰退期，也就是成了瘦狗产品，可能需要逐步退出历史舞台。

对于发展中的企业而言，每个产品都是动态变化的。企业要持续做强第一曲线即现金牛产品，不断拓展第二曲线，如明星产品。

"二维四象限矩阵图"我称之为二维思考法。在多年的企业管理实践当中，我经常使用"二维思考法"来分门别类解决问题，这是很重要的思维工具，你也可以试一试举一反三。一旦一个问题需要两个维度的思考，靠人脑特别费力的时候，不妨画一画二维四象限图来辅助你思考。

2. 按客户分解

同样的思路，我们也可以从客户的维度进行分解（图 5-4）。很多公司都会把客户分成 A、B、C、D 等几级客户分门别类地管理。

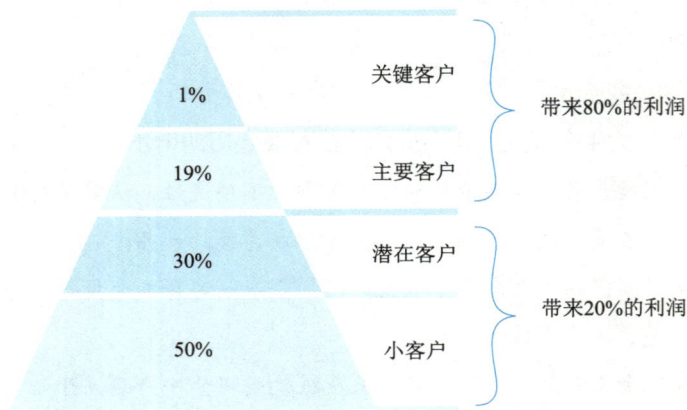

1% 关键客户	
19% 主要客户	带来80%的利润
30% 潜在客户	
50% 小客户	带来20%的利润

图 5-4　客户分级

一家企业 80% 的收益来源于 20% 的客户，即 20% 的客户创造了企业 80% 的收益。由于这 20% 的客户掌控着企业生存和发展的命脉，企业一般需要投入 80% 的精力到这 20% 的客户身上，我们称这 20% 的客户为"大客户"。

最优秀的资源要匹配给最优质的客户，进行系统化客户分级管理。客户分级管理，就是根据客户对企业的利润贡献率等各个指标进行多角度衡量与分级。核心配置思路是资源永远向战略目标倾斜。

比如对于高价值客户，一定配上最优秀的销售主动服务，高频接触，提供定制化服务，进行深度绑定。有必要签署战略合作计划，甚至公司同等级别的领导要对接。

对于中等价值客户，选择适时服务、低频接触的服务模式。

对于低价值客户，可能选择无线下接触的自动化服务模式。

这些相信大家也比较容易理解。

根据上面按产品分解相同的思路，我们也可以把客户按照毛利率及销量两个维度划分为四类客户，不同区间的客户用不同的资源匹配管理策略，在这里不再赘述。

此处介绍一些其他的思路，希望帮助企业真正经营管理好客户。客户分级可以按照以下三点进行权重评分，每年给客户打分，拉出相应的榜单。

（1）客户的收入贡献度

企业统计最近一年客户下单的金额，大致等同于收入比重，按照其收入金额从高到低，依次排列，比如列出前 20 位。

（2）客户的利润贡献度

除了考虑下单的金额及收入比重，一定要考虑客户的利润贡献度。统计最近一年客户购买产品的利润率，计算给企业创造了多少利润，再按利润的多少进行优先级的排名，又可以拉出一张利润贡献度榜单。

（3）客户的现金流贡献度

企业统计客户最近一年的信用状况，即付款是否及时，是否按照合同执行，是否有拖延及拖延的天数与原因，根据这些因素来判定客户的现金流贡献度。

比如，上文提到过，如果企业出现应收账款的增长大于收入的增长，很可能需要加强信用控制，调整优化客户结构，缩短应收账款的回收周期（DSO），需要去甄别谁才是价值客户。

同时，也要结合客户的发展前景，尤其是一些新客户，企业通过系统性考察挖掘客户的潜在价值，去判断其重要性然后打分。

综合以上因素加权评分之后排序，企业可以结合自己的情况，平衡收入、利润、现金流及未来的发展前景及目标来调整不同贡献度的重要性比重。

比如企业当年主要抓现金流的业绩和指标，那就相应加大现金流贡献度的权重；如果企业不差钱，那就可以相应降低现金流贡献度的指标的权重，加大利润贡献度的指标的权重。总而言之，企业对客户的管理不是一成不变的，要紧密结合企业经营管理的目标来配套管理，永远"结果导向""以终为始"。

同样的逻辑，我们也可以按区域、渠道，甚至按项目分解。区域的分析可以告诉我们，如何配置人力资源及营销资源。渠道的分析让我们知道，哪一种渠道是未来营销的重点。

通过将产品分析的矩阵逻辑迁移至客户管理，企业可实现从"经营产品"到"经营客户"的升维竞争。关键在于建立动态监控机制，防止客户价值固化，最终构建"以现金流、利润为中心，以数据为驱动"的精细化管理体系。

3. 盈利质量分析

接下来，我们进行盈利质量分析，即利润需要挤干水分。

企业管理者最喜欢看净利润，如果一家企业的净利润为正数，说明这个企业一定好吗？带着这个问题，我们来研究盈利的质量问题。

企业的利润除了来源于主营业务，还可能有其他的来源，比如企业卖房子、卖股票，即投资的收益；再如企业拿到了政府的补贴、税费的返还，即营业外收入。

一家企业，如果净利润的构成不是因为主营业务而是因为投资收益，抑或营业外收入带来的，哪怕净利润为正，我们也认为其盈利质量差。

根本在于其是否具有"可持续性"，即利润要看来源及稳定性。一家企业，靠卖房子，拿政府的补贴，是不可持续的，只有靠主营业务带来的净利润持续增长才叫"盈利质量好"。

从财务管理的维度，我们关注企业未来可持续发展的能力，即长期有效增长。好企业的利润，一定主要是主营业务带来的。所以利润也要挤干水分，盈利的质量关键要看利润的结构，根据利润的结构也可以识别风险。这里，我们又一次使用结构思考的方法来判断风险。

5.2　核算有多细，管理就能管多细

除了关注盈利能力、盈利质量，我们还有必要弄清楚与盈利密切相关的概念，即到底什么是成本，什么是费用。

成本影响毛利和毛利率，对成本和费用进行区分可以计算出更准确的毛利及毛利率。这样我们才可以跟同行做有效的对标分析，从而更为有效地制定或者调整经营管理策略。成本与费用的区别如下。

1. 成本是直接的，费用是间接的

成本跟企业的产品或服务成正比。比如一家面包店，多卖一个面包，就要多用 50 克面粉，要多给面点师一份计件工资。所以成本是对象化的，是直接的。

企业经营往往并不担心这种成本的增加，因为它的增加最终会带来收益。

企业更需要担心的是费用：一个面包也不卖，费用就在那里不离不去。比如说给店长的工资，所以费用是间接的。

费用又叫"期间费用"，它不跟产品直接相关，而是跟会计记录的期间（月度、季度、年度）相关。

企业一般有以下三种费用，俗称"三费"——"销管财"。

（1）销售费用

销售费用也叫营业费用，是企业销售商品、服务过程中产生的

相关的费用。包括销售部、市场部部门的开支及在销售商品和提供劳务过程中发生的各项费用，如保险费、包装费、运输费、手续费、广告费，等等。

（2）管理费用

管理费用一般指企业行政管理部门为管理和组织经营而发生的费用，如财务部、人力资源部、采购部、党群工会、内审部、办公室等部门的开支一般统称管理费用。

（3）财务费用

财务费用是指企业为筹集资金而发生的各项费用。比如企业跟银行借贷要支付的利息，企业上市找券商花的钱，这些为了找钱而花的钱都叫财务费用。另外还包括银行的手续费，外币业务的汇兑损益（汇兑损失减汇兑收益的差额）等。

除了以上的"三费"，还有另外一个费用越来越受到重视，就是研发费用。

（4）研发费用

研发费用是指研究与开发新技术、新产品、新工艺发生的费用。研发费用的处理包括费用化、资本化两种方式。

费用化（expensing）即研发阶段发生的费用，无法区分研究阶段和开发阶段，以及不满足资本化条件的支出，全部费用化，计入管理费用或研发费用，属于期间费用。

资本化（capitalization）即开发阶段的支出，能够证明符合无形资产（如专利、专有技术）条件的资本化支出。资本化部分会构成无形资产的入账价值，放入资产负债表在未来使用年限内逐月摊销，不再属于期间费用。

这里补充说明企业常用的两个概念：CAPEX 与 OPEX。

CAPEX（capital expenditure）是指资本性支出，一般包括固定资产、无形资产、递延资产等资产的投入。

OPEX（operating expense）是指企业的管理支出、办公室支出、员工工资支出和广告支出等日常开支。

在企业的经营活动中，供长期使用的、经济寿命会经历许多会计期间的资产，如固定资产、无形资产、递延资产等，都要作为资本性支出。即先将其资本化，形成固定资产、无形资产、递延资产等。而后随着它们为企业提供的效益，在各个会计期间转销为费用，如固定资产的折旧，无形资产、递延资产的摊销等。不同行业根据自身特点，资本化比例存在明显差异，如表5-1所示。

表5-1　不同行业的资本化比例

行业	资本化常见比例	典型处理方式
制药/生物科技	30%~50%	临床试验阶段开始资本化
软件开发	20%~40%	技术可行性验证后资本化
汽车制造	10%~30%	仅量产前工装模具开发资本化
消费品研发	<10%	通常全额费用化

当下及未来，企业的创新能力在我国现代化建设全局中起着至关重要的作用。为了鼓励企业创新，国家陆续更新"研发费用加计扣除政策"。所谓"加计扣除"，是指按照《中华人民共和国所得税法》规定，在实际发生数额的基础上，再加成一定比例，作为计算应纳税所得额时的扣除数额，是一种让企业少缴所得税的优惠措施。

2023 年国家税务总局发布 7 号公告，又进一步加大了优惠力度，将所有符合条件行业企业加计扣除比例由 75% 提高到 100%。这是国家鼓励科技创新的重要政策抓手，符合条件的企业应该"应知尽知"优惠政策，并充分享受政策红利。

总结一下，当下企业经常讲的"四费"，即"销管财研"。

2. 看归属性

只看直接与间接属性，有时似乎还不能相对准确地区分成本与费用。比如，房屋的折旧、房租到底是成本还是费用，电脑的折旧是成本还是费用，出差产生的差旅费到底是成本还是费用。

有人会说，差旅费都叫"费"了，肯定是费用，其实不一定。

除了看直接和间接，我们还要看归属。

如果说企业的房屋是工厂在使用，那么它的折旧全部是生产成本。即使是租来的房子，房租也是成本。

如果房屋是给职能部门使用，一般会按照人头数（HeadCount）；如果是财务部、人力资源部，就是管理费用；如果是市场部、销售部门，就是销售费用。

所谓看归属，即看谁用。

差旅费之所以不一定是费用，要看谁出差。财务部门的人和总经理出差就是管理费用，销售部门的人出差就是销售费用，生产一线的人出差那就是生产成本。

电脑的折旧也要看谁用的电脑。生产一线用的电脑的折旧，全部都是生产成本；财务部用，就是管理费用；销售部用，就是销售费用。

总结一下，我们需要遵循两个核心的逻辑把成本和费用进行科学区分：第一是看直接与间接性，第二就是看归属性，到底是谁在使用。

有人不禁会问，为什么要把企业的开支分得那么细呢？成本也好，费用也罢，到了净利润那里，不都被减掉了吗？财务做如此精细的区分，目的何在？

"核算有多细，管理就能管多细"。

很多企业不愿意花心思梳理账务，也不愿意花钱投资在核算系统上，觉得不值得。相较于投资在中台、后台，企业更愿意投入在前台比如销售上。然而"磨刀不误砍柴工"，不认真梳理账务，就不可能有相对准确的数据，数据不对，就难于做科学决策。因为数据错了，决策就错了，中、后台错误的数据是不能支撑高质量的前台决策的。

同时，重视中、后台的能力建设也是一种长期主义，比如华为花了数年时间大力投资中、后台的建设，多年深耕 IFS 财经变革，这是它厚积薄发的重要原因。

要进行账务梳理，除了最基本的合规，即符合外部的遵从要求

（会计准则、税法等），更重要的是建立基于业务场景的核算体系，它的核算颗粒度往往是由业务的需求决定的。按照产品、客户、区域、渠道、项目、人（如销售员）等区分的毛利率分析往往对企业的决策更有价值。

业财融合须是双向的沟通，财务组织要学习了解业务模式，方能助力企业更好地发展业务。同时，业务组织也需要学习了解财务的目标和逻辑，才可能站在公司立场上思考业务行为。

优秀的财务所提供的不仅仅是合规风险管理，更要通过优化梳理账务帮助公司、客户、供应商和业务伙伴各取所需，创造价值。

至此，我们可以把企业的经营管理总结为：资产带来收入的能力，收入带来利润的能力，利润带来现金流的能力；资本撬动资产，资产带来收入，收入带来利润，利润带来现金流。

所谓企业经营的"以终为始"，就是一开始就朝着有确切的收入和利润的方向努力和规划，反复抓，抓反复，有想头，有干头，有奔头。

5.3　"花式利润"各行其道

除了毛利润、净利润，还有一些利润相关指标对企业的经营管理也至关重要，在此综合整理如下。

1. 营业利润

营业利润可大致理解为主营业务利润＋投资净收益。

2. 利润总额

利润总额大致可理解为营业利润＋营业外收益。

3. 扣非净利润

扣非净利润可以理解为净利润扣除非经常性损益后的利润，是反映企业核心经营能力的关键财务指标。非经常性损益是指公司发生的与经营业务无直接关系的损益，包括出售固定资产／股权收益、政府补贴（非持续性）、诉讼赔偿等的营业外收益，所以扣非净利润更能反映企业经营业绩的水平。比如上市公司的财报披露，我们需要着重关注的不是它的净利润，而是扣非净利润，它更能反映企业的实际经营状况。

管理考核上，上市公司股权激励行权条件通常要求扣非净利润复合增长率≥15%（剔除并购、补贴等干扰），国企混改绩效对赌协议多采用扣非净利润作为标的估值调整依据。监管红线方面，A股退市新规是，连续两年扣非净利润为负且营收低于1亿元，将触发退市风险警示（*ST），科创板IPO审核要求最近三年扣非净利润累计≥6000万元（硬科技企业可放宽）。

深度解析扣非净利润，可穿透财报表象，识别企业真实盈利能力。比如，格力电器2022年的净利润为245亿元，扣非净利润239亿元（比值97.6%），显示其利润高度依赖空调主业；苏宁易购2021年的净利润为–433亿元，扣非净利润–446亿元，暴露其核心业务持续恶化。

4. EBIT（息税前利润）

EBIT 是 earnings before interest and tax 的缩写，指企业在未扣除利息支出和所得税之前的利润。

$$EBIT = 净利润 + 所得税 + 利息支出$$

EBIT 这个指标的内在逻辑也很简单：在构成净利润的影响因素中，利息是债权式融资的资金使用成本，很大程度上跟宏观的资本市场相关。而所得税因各家公司所处地域及税收政策的不同而有所差异，不受企业经营团队的经营控制，主要受外部因素影响。EBIT 剔除了外部干扰，聚焦经营效率即内生盈利能力，通常被用来更加公平、公允地衡量企业经营管理团队的能力，也是企业估值与投资决策的核心指标。

5. EBITDA（息税折旧摊销前利润）

企业管理者和股东还会看重 EBITDA，潜在投资者对这个指标也很感兴趣。

EBITDA 是 earnings before interest, taxes, depreciation and amortization 的缩写，即未计利息支出、所得税、固定资产折旧及无形资产摊销前的利润。

$$EBITDA = 净利润 + 利息支出 + 所得税 + 固定资产折旧 + $$
$$无形资产摊销$$

EBITDA 主要用于衡量企业主营业务产生利润的能力。

EBITDA 是在 EBIT 的基础上，把固定资产折旧、无形资产摊销加了回来。这两项开支是最主要的非现金支出，是企业之前长期投资决策的产物，跟当期的经营业绩并不直接相关。因此剔除这些影响后，剩余的利润结果就能大致反映一家公司当期经营活动的真实状况，用它来衡量经营者的业绩也就更加公允，尤其对于固定资产投资大、折旧摊销费用占成本比例较大的行业和企业而言更是如此。拥有不同资本结构、税率和折旧政策的企业之间或者部门（利润中心）之间，可以在 EBITDA 的统一口径下，真实比较各自当期真实的盈利能力，考核管理层的业绩。EBITDA 是更接近经营性现金流的利润指标，EBITDA 数值越大，代表公司就越有价值。

行业适配性上，在自持物业、物流、制造业等领域，EBITDA 是核心估值指标。例如，地产基金常以 EBITDA 的 20~25 倍评估自持项目价值。

极兔速递 2024 年 EBITDA 增长 430%，从亏损 11.6 亿美元转为盈利 7.8 亿美元，反映了其通过规模效应与成本控制实现经营效率跃升，在中国市场首次 EBIT 转正，EBITDA 改善为 EBIT 盈利奠定了基础，显示其从"烧钱扩张"转向精细化运营。

6. EVA（经济利润）

EVA 是一种衡量企业真实价值创造能力的指标，也被叫作经济附加值或者经济增加值。

EVA 全面考虑了企业的资本成本，从企业价值增值的目的出发，修正了会计利润。EVA 是对财务评价思想的又一次创新，经济利润的概念便源于此。

EVA 的计算公式是：

$$EVA = NOPAT - COC = NOPAT - （资本总额 \times WACC）$$

其中，NOPAT 是企业的税后净经营利润，COC 是企业的资本成本，WACC 是加权平均资本成本。

NOPAT 是通过将企业的税前经营利润调整为税后净经营利润来计算的：NOPAT = 税后净经营利润 = 税前经营利润 × （1-税率）。

COC 则是企业使用资本所需要支付的成本，包括股权成本和债务成本。股权成本可以通过无风险利率和企业风险系数进行调整，债务成本则是企业借款的利率。

如果一家企业的 NOPAT 为 5 亿元，资本总额 50 亿元，WACC 为 8%，则：

$$EVA = 5 - （50 \times 8\%） = 1 亿元$$

EVA 打破了会计利润幻觉，即传统利润指标（如净利润）可能掩盖资本浪费。比如，A 公司税后净经营利润为 1 亿元，资本总额 100 亿元（WACC = 10%），它的 EVA 就是 -9 亿元，由此我们可以得出结论：A 公司实际在摧毁价值。B 公司税后净经营利润 0.8 亿元，资本总额 50 亿元（WACC = 10%），其 EVA 为 0.3 亿元，我们可以得出结论：B 公司真正创造了价值。

EVA 作为企业价值管理的"北极星"指标，有深远的意义，使用时需结合行业特性（如科技企业关注研发转化率）和生命周期（成长期容忍短期 EVA 为负）灵活应用。

5.4 边际贡献助力企业经营管理决策

前面讲过固定和变动的概念，这种分类方法也叫成本性态分析。

固定成本是不随业务量增减而发生变动的成本，如员工的岗位固定工资、固定资产折旧、房租等，特点是总额在一定业务量范围内保持稳定。

变动成本是随业务量增减而发生变动的成本，如直接材料、计件工资、动力费、运输费用、销售佣金等。特点是总额与业务量成正比，单位变动成本保持稳定。

固定成本可以理解为在一定范围内不可控的成本，比如产能、房屋、设备已经投入了不可逆，而变动成本是更为可控，即可以有所作为的成本。经营管理可以有所作为更多指的是变动成本，这个思想对于经营管理决策至关重要。

边际贡献是一个非常重要的管理会计概念，指每增加一单位销量所带来的收入中，扣除变动成本后能用于覆盖固定成本和创造利润的金额，计算公式是：边际贡献 = 销售收入 − 变动成本。

比如麦当劳多年不变的营销政策——"第二杯半价"，背后的逻辑就是边际贡献为正。促销还是不促销，对于麦当劳门店而言，房租、设备的折旧及人员的固定工资等固定成本已然且一定会发生，不会改变，但促销一定会提升销量，只要第二杯的边际贡献大于零，就有利可图，就一定会提升门店整体利润。

那为什么第二杯饮料、第二个甜筒半价，第二个汉堡不半价呢？这其实揭示了一个很重要的商业决策，即适合拿来打折促销的产品，一定是边际贡献高的产品。

　　同样，我们也不难理解下面这些发生在我们身边的商业故事了：航空公司会在飞机起飞前两天低价甩卖未售出的座位，工厂会接单价低于正常订单价格的急单，健身房高边际贡献的月卡和低使用率的年卡组合盈利，电商大促 9.9 元包邮不亏，等等。

　　图 5–5 中我们把固定成本和变动成本画了出来，注意：B 代表总成本，即固定成本加变动成本。收入线 S 与总成本线 B 的交点就是保本点 P，又叫盈亏平衡点，此时收入等于成本，超过盈亏平衡点之后的才是利润，之前都是亏损。这就是本量利分析模型。本量利分析（cost-volume-profit analysis，CVP 分析）是一种通过研究企业成本、销量和利润之间的关系，辅助管理层进行科学决策的工具。其核心逻辑是明确固定成本、变动成本、销售价格和销量如何共同影响利润，从而优化经营策略。它是一种企业经营决策的常用工具，主要用于评估不同决策方案对企业利润的影响。

　　本量利分析模型的应用步骤如下：

- 收集数据：收集和整理与决策相关的数据，包括成本、收入和销量等信息。
- 区分固定成本和变动成本。
- 计算销售额：根据销售价格和销量，计算企业的销售额。
- 计算总成本：根据固定成本和变动成本，计算企业的总成本。
- 计算利润：利润等于销售额减去总成本。
- 根据不同的决策方案，可以通过调整销售价格、销量或成本来计算利润。

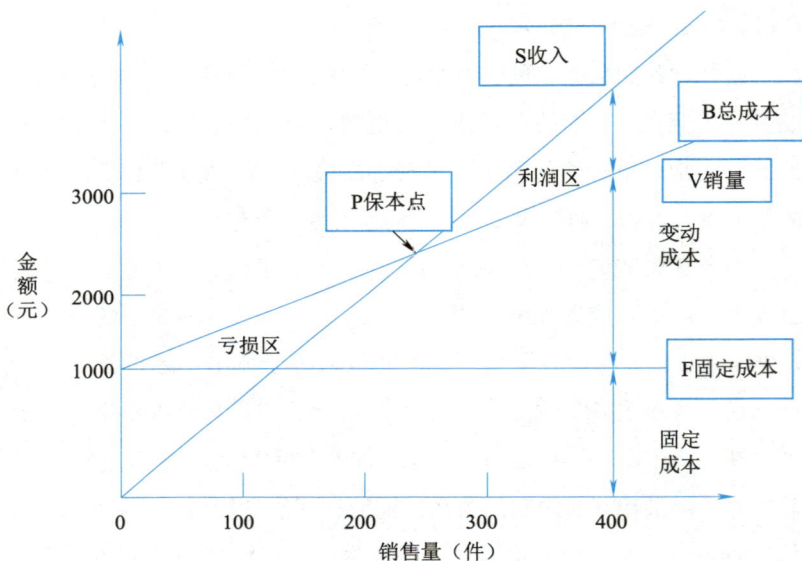

图 5-5　本量利分析模型

- 比较不同方案的利润，选择最优的决策方案。
- 根据分析结果，做出最优的决策，并制订相应的行动计划。

　　总的来说，本量利分析模型可以帮助企业决策者在不同决策方案之间进行比较，并选择最优的方案，以实现利润最大。有时，企业做第二年的年度预算，会把利润目标先设定好，以销定产，也会使用本量利分析模型依据利润目标来安排销量，计算产量，从而有效做计划，这就叫目标利润分析。

　　本量利分析法包括盈亏平衡分析、目标利润分析、敏感性分析、边际分析等，通常用于企业生产决策、成本决策、定价决策、营销决策中，也广泛用于投融资决策等。

正如前文所言，财务管理工具的更大价值是帮助企业做事前的规划及事中的决策。

5.5　学以致用：不同职能角色如何运用利润表创造价值

企业里与利润表相关的有很多角色，各部门角色都要能够融入经营管理决策，结合企业的价值创造过程，建立有效的经营决策机制来支撑战略目标的达成。

CEO 需要通过利润表来全面了解企业的盈利能力，评估整体战略是否有效。比如，通过分析净利润的变化，判断是否需要调整业务方向或优化资源配置。同时，CEO 需要关注毛利率，判断产品或服务的竞争力水平，决定是否需要调整战略布局。

财务总监除了分析盈利能力、盈利质量，还要洞察全局，其往往更关注利润表中的各项成本和费用，比如销售费用、管理费用和财务费用。财务总监需要分析这些费用的构成，找出可以有效管控的部分，从而提升整体利润，同时实时跟踪国家的税收政策，建立有效的税务应对策略，充分利用政府的税收优惠政策，在税收管理上为企业创造价值。如果是财务 BP，则需要用数据给业务部门献计献策，如淘汰低绩效团队，设计利润分享计划，将奖金与部门 EBIT 挂钩，真正实现对业务的赋能。

市场销售部门负责人则不仅要看收入的增长，还要管理收入的结构、新产品的增长率、老产品的增长率以及毛利率，并且科学合理分配营销资源，另外，对客户的分级管理也至关重要。分析不同产品或地区的销售表现，识别哪些产品贡献了最多的利润，哪些可能需要调整销售策略。比如，某个产品线的毛利率较低，销售经理可能需要考虑促销或停止销售该产品。

生产部门负责人则关注成本部分，特别是直接材料成本和直接人工成本。通过分析这些成本的变化，生产部门可以寻找提高生产效率的方法，深入优化生产流程。

采购部门负责人则关注识别供应商潜在风险，与供应商谈判以获得更优的原材料价格。降低生产成本可以直接提升毛利率，从而增加利润。

人力资源部门负责人可以通过利润表了解员工成本，包括工资和福利。他们需要确保人力成本在合理范围内，同时保持员工满意度，避免高流动率带来的隐性成本。HRBP（人力资源业务合作伙伴）需要掌握所负责业务部门的损益情况，通过对部门利润表的分析，尤其是人力成本的分析，真正理解部门的资源配置情况和业务的痛点，为业务部门制定有效的人力资源解决方案，提高人力资本效能，推动业务高质量发展。

如果你是项目经理，那就应该配合财务部门建立项目成本核算机制，要通过事前的概算、预算来判断该项目承接的可能性，通过对项目执行过程中成本的实际支出的跟踪，即项目核算来判断项目的收益情况，判断项目整体状态是否安全可控，并及时采取有效的措施防止项目风险的发生，最后通过决算来计算出项目的最终收益，并为企业未来赢得更多的类似项目做知识和经验的储备。我们把这样的项目管理称为项目的"四算管理"，即概算、预算、核算、决算机制，这也是一种项目的全生命周期管理模式。

如果你是战略投资部人员，就一定要系统全面地分析被并购企业的利润表，通过主营业务收入的趋势和结构判断该企业业务的成长性，通过企业的毛利率指标来判断企业的竞争力和未来的发展潜力。通过对企业的成本和费用的分析来判断企业的经营管理能力在同行业的水平，通过政府补贴资金来判断政府对该行业或该企业的支持力度，等等。

另外，跨部门协作也很重要。比如，销售和生产部门需要沟通，确保销售策略与生产能力匹配，做到产销协同，避免库存积压或产能不足。财务部门需要为其他部门提供数据支持，帮助他们做出更明智的决策。

企业的不同职能角色通过利润表的不同部分获取信息，优化各自领域的决策，共同促进企业整体利润的提升。需要强调的是，利润表不仅是财务部门的工具，更是各部门协作的基础，通过数据驱动的决策来创造价值。

总结一下，利润表是全员的"价值地图"。CEO 通过利润率趋势校准战略航向，各个部门负责人在细分指标中挖掘改进抓手，一线员工理解个人贡献如何影响公司利润（如客服降低退货率→提升毛利率）。最终目标是将利润表从"财务报告"变为"行动指南"，驱动企业从"粗放增长"迈向"精益价值创造"。

敲黑板画重点:

1. 利润表是一张分布式结构报表。

2. 结合企业业务模式的盈利能力与盈利质量分析是利润表分析的关键。

3. 理解成本与费用的区别,核算有多细,管理就能管多细。

4. 生存靠现金,发展靠利润。

5. 企业的长期有效增长,要追求有利润的收入,及有现金流的利润。

6. 理解边际贡献在企业经营管理决策中的应用。

7. 利润表是全员的"价值地图"和"行动指南",不同角色都可以运用利润表帮助企业创造价值。

第 6 章

从财务全局视角看企业经营的整体逻辑

相信读到这里，你对企业"三表"已经很熟悉了。企业的经营管理，往往需要把"三表"结合起来一起看，它们其实是一个有机的整体，相互影响，相互作用，进而形成了企业经营的全貌。

那么它们是如何联系在一起的？贯通在一起之后对于企业经营管理的价值到底在哪里？接下来我们一起来探讨。

6.1 "三表"联动分析法：静态存量与动态流量

图 6-1 把三大报表融会贯通了起来。通过这张图，我们可以看到，2024 年年初和年尾各有一张资产负债表，年初的这一张，就是 2023 年年尾的这一张。

用 2024 年年底的资产负债表上的所有项目减掉年初的表上的所有项目，我们会得到一个差额。

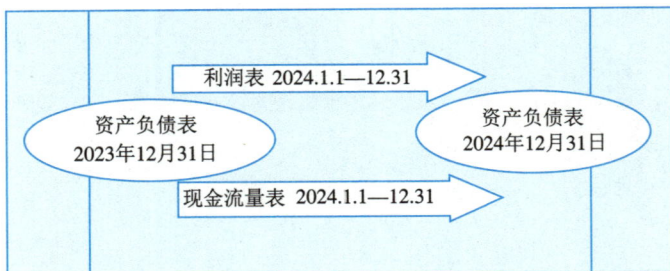

图 6-1　两张照片与两台摄像机

　　这个差额是怎么来的？为什么未分配利润增加了？为什么现金流增加了？是如何增加的？这个过程，正是利润表和现金流量表积累的结果。

　　所以我们可以形象地把资产负债表比喻成照片，把利润表和现金流量表比喻成摄像机。

　　资产负债表是一个静态的存量记录，两外两张表是动态的流量记录过程。

　　接下来，我们把三大报表串起来看：

　　（1）如果一家企业年尾的现金量大于年初的现金量，同步计算现金水位，假使它也提升了，则可以得出结论——这个企业的"颜值"提升了。

　　"颜值"的提升意味着什么呢？首先，债权人更爱你，随之而来的，如果企业采用的是债权式的融资模式，相应的资金成本就有望下降。其次，股东更爱你，对你更加有信心，企业就可以更好地吸引股东投资。再次，员工更爱你，企业就可以留住和吸引

更多优秀的人才。最后，供应商和客户更爱你，毕竟谁都愿意跟不
差钱的企业合作。

（2）如果一家企业年尾的应收账款相较于年初增加了，我们又
该得出什么结论？是不是赊销额扩大了，风险提升了，所以"颜值"
下降了呢？

不一定，我们还要结合利润表去看，即看收入的变化。如果收
入的增幅大于应收的增幅，则说明企业的"颜值"提升，用适当的
赊销（风险）带来了更大的回报；否则就是"颜值"下降，说明企
业用过度的赊销（风险）只带来了有限的回报，很有可能是企业经
营恶化的前兆，这里我们用的还是投入产出以终为始的逻辑。应收
账款的管理对当下企业至关重要，下一节会单独讨论。

（3）我们再来看固定资产与收入的关系。固定资产的增长与收
入的增长有着密切的关系，对比可以看出企业成长的质量。投入相
同的情况下，收入增长得越快，说明企业越优秀；收入相同的情况
下，比较投入的规模，谁投入得相对少，谁越优秀。本质是固定资
产周转率即产能利用率的问题。

一方面，固定资产的增长可以为企业提供更多的生产设备和生
产能力，从而提高生产效率和产量，带来收入的增长。例如，企业
购买新的生产设备可以提高生产效率，降低生产成本，提高产品的
竞争力，增加销售额和利润。

另一方面，收入的增长也可以促使企业增加对固定资产的投资。
当收入增长时，企业可能会考虑扩大生产规模，提高生产能力。比
如，当销售额增长时，为了满足市场需求，企业可能会购买新的生

产设备或扩建生产基地。

因此，固定资产的增长和收入的增长是相互促进的关系，可以帮助企业实现可持续的发展。

固定资产的增长所带来的收入的增长，可能在固定资产增长的当期，也可能在未来的某个时期，也就是投入产出应该成正比。反之，如果固定资产的增长不能带来当下及未来收入的增长，则可以认定固定资产的增长不合理，要及时采取应对措施。比如，确认是否存在固定资产的产能利用率不足的问题，及时优化，从而摊薄固定成本，提高目标利润。如果该产能的投入与战略目标严重不符，需要及时出售变卖止损，盘活利旧。

现在，我们可以试着把三大报表、两大原则（权责发生制与收付实现制）结合起来。利润表提供的收入和净利润是以权责发生制、配比原则为前提确认的，而现金流量表是以收付实现制即自然法则记录的，故收入、净利润与现金流净额会产生差异。

把收入、净利润与现金流结合起来就可以得到两个重要的指标。

一是收入含金量，即收入现金比率（收现比），也叫营业现金比率，计算方法是销售商品、提供劳务收到的现金除以主营业务收入。销售商品、提供劳务收到的现金，来自现金流量表。主营业务收入则来自利润表。这个指标就把利润表与现金流量表有效结合在了一起。

该比率是在剔除了应收账款给公司带来的风险的情况下，从现金流入的角度反映销售收入的实际情况，说明企业销售质量的高低，即主营业务收入获得现金的能力。该比率如果大于 1，说明不仅当期收入全部收到现金，而且还收回了以前的应收账款，盈利质量较好；如果该比率小于 1，说明当期有部分收入没有收到现金，盈利质量有待提升。

有些企业收入增长很快，是放宽销售政策导致的，赊销大量增加，其实收入含金量并不高，这对企业意味着非常大的经营风险。

二是净利润含金量，也叫净利润现金比率（净现比），计算方法是用经营活动的现金流净额除以净利润。

该指标反映了企业本期经营活动产生的现金净流量与净利润之间的关系。比率越高，利润的含金量就越高。净现比大于 1，产品或服务往往供不应求，企业有较高的行业地位，在整个产业链中对上、下游有较强的议价能力（如对上游供应商先货后款，对下游经销商要求先款后货）。

一般情况下，收入现金比率及净利润现金比率越大，企业盈利质量越高。如果净利润现金比率高，收入现金比率很低，说明本期净利润中存在尚未实现现金的流入，企业净收益质量很差，即使盈利，也可能发生现金短缺，严重时会导致企业破产。

所以，判断企业一年的变化，要结合几张报表综合判断。一张报表的关键信息通常可以通过另一张报表的信息来验证，找到这些财务数据背后的业务动因就可以努力纠偏，防范风险。

三表融合的本质是业财深度融合，从财务管控转向业务源头治理，如销售合同自动嵌入信用条款。从企业内部管理延伸到企业间生态圈管理，向上游供应商延伸"两金"指标，如要求供应商接受票据支付降低自身存货。同时伴随金融工具创新，发展供应链金融平台，将"两金"转化为融资工具，如存货仓单质押融资。

6.2 "两金"管理是要害：应收账款和存货

这里详细说明一下企业经营管理的两个重要命题——如何科学有效管理"两金"。

"两金"指的是"应收账款"和"存货"，指向的是两个命题：一是企业该如何管理应收账款，即如何进行信用管理和控制；二是企业该如何管理存货。

两者的矛盾在于，应收账款对应的是市场扩张诉求（赊销）与现金流安全（回款），存货对应的是供应链稳定性（安全库存）与资产周转效率（低效占用）。

管理"两金"的核心任务是优化资金使用效率、防范经营风险。目标有两个：一个是实现动态平衡，在风险可控的前提下实现"两金"规模最小化；一个是效率提升，缩短周转天数，释放资金用于战略投入（研发、技改）。

第一金：应收账款

应收账款的管理对于企业的意义非常重大，它不仅影响企业的钱袋子——现金流，也影响企业的米袋子——利润。那么企业到底该如何做好应收账款管理即信用管理与控制呢？

首先，应该明确责任主体，形成有效绩效管理闭环。

业务部门的信用管理

事前管理的价值大于事中管理，事中管理的价值大于事后管理。信用管理如何做好事前的管理呢？是财务部门来做吗？

答案显然是业务部门，重点是销售部门。

很多企业认为催账是财务部门的事，与销售部门无关，这是一种非常错误的观点。事实上，销售人员应对催收应收账款负主要责任。即销售人员在赊销商品时，必须要承担收回应收账款的责任，只有这样销售人员才会谨慎对待每一次的赊销行为，重视每一笔应收账款，而这最终决定着公司的经营质量。

落地措施包括，必须要明确销售部门作为信用管理的责任人，要通过 KPI 指标来有效牵引，把回款作为考核销售人员业绩的重要指标。如果只考核收入指标，销售人员一定会选择降低价格来拉动销量从而完成业绩指标，所以企业还得考核毛利率，不能亏本卖。考核了利润率还不够，如果只考核利润率，销售人员可能会通过延长账期来完成业绩目标，所以还要考核回款率及收入现金比率等指标。

财务部门的信用管理

财务部门应该牵头建立并完善企业信用管理体系制度建设，根据企业自身的业务模式和特点，全面规划制定基本原则及风险控制方法，建立客户信息档案库，搭建财务部门与业务部门之间有效的沟通渠道。比如每年年底需要与业务部门协同对现有客户尤其是大客户重新进行信用评估，即对过去一年有业务往来的客户的回款记录进行统计和评估，看看哪些客户信用良好到时间就给钱，哪些客户总是欠账，评估之后可以相应制定和调整明年的信用政策及信用额度。针对那些守信的客户，可以适当加大信用额度，从而有效拉动销售；对于那些总是欠账的客户必须要收紧信用额度，情节严重的甚至要采取先款后货的政策，目的是有效防范风险，如果卖了产品却收不到钱，还不如不卖。

同样企业也可以建立供应商信用档案库。建立信用档案是指对供应商、客户的信用情况进行深入调查和建档，并进行信用等级设置，对处于不同等级的客户、供应商落实不同的信用政策，减少购货和赊销风险。

财务部门及销售部门研讨后确定给予客户的信用额度。除非特别批准，销售人员不允许超过信用额度销售，这样才能控制销售中出现的大量坏账现象，从源头上控制风险。

事前防控：信用评估体系

依据行业地位、财务健康度、历史履约、担保能力、政策关联度等建立信用模型，比如可以把客户的信用等级分为 A、B、C、D 四个级别（企业可依据自身情况酌情制定及调整）：

A：优质信用客户——账期 N/60 天；

B：良好信用客户——账期 N/30 天；

C：普通信用客户——账期 N/7 天；

D：不良信用客户——先款后货，否则不予合作。

再如，可以采用动态授信，引入外部数据（天眼查、征信报告）实时更新客户风险画像，将客户信用评级由年度更新调整为季度更新。

如果说宽松的信用政策是为了拉动收入，那么紧缩的信用政策及现金折扣的目的则是提升企业的流动性，降低流动性风险。

事中管控：合同与执行管理

财务部门还可以通过有效的抓手，即合同的审核及风险管控来有效控制信用风险，严格控制应收账款的收款时间，并将这些信用条款写进合同，以合同形式约束对方。如果未能在规定时间内收回应收账款，企业可依据合同，对拖欠货款企业采取法律措施，以及时收回货款。

在一定程度上，合同的质量决定回款的质量。比如很多企业做 2B 生意，回款进度大体上是这样的：先给一笔预付款，中间满足一定条件再给一笔，之后留一笔质保金。这种回款模式具有一定普遍性，但是不够精细，怎么做更好呢？诀窍就是尽可能精细化，比如把中间的环节尽可能切割详细，即满足什么样的业务场景及特定约定条件回一笔，再满足什么条件再回一笔，尽可能让业务部门签约的时候充分结合业务场景的详细进度做到精细化。不要嫌麻烦，让现金早一天回流到企业是我们的目标，不能指望粗放的合同条款换来精细化的现金流回款能力。要从源头上控制合同质量，合同质量的把控源于业务场景的设计、交付界面的把握，提升交易质量才能提高合同质量，要在前期沟通及客户关系上下功夫。

合同条款设计还可考虑以下因素：增加约束条款，如"逾期付款按 LPR（loan prime rate，贷款市场报价利率）1.5 倍支付罚息"；风险分摊机制，如要求客户提供银行保函或资产抵押。

事后处置：多手段清收

财务部门可以做账龄分析，然后协同业务部门进行事后的催款，即采取各种催收措施。建立应收账款账龄看板（30/60/90 天分级预警），对超 90 天账款启动法律程序。企业可以采取相应的鼓励措施，对积极回款的企业给予一定的信用折扣，鼓励欠款企业在规定时间内偿还账款。针对账龄 30~60 天的优质客户，可以采取柔性提醒（对账函 + 客户经理拜访）的策略。对于账龄 90 天以上的高风险客户，可以采取法律诉讼 + 资产保全 + 债务重组的策略。另外，证券化创新也是一种策略选择，可以对优质应收账款开展 ABS 融资。ABS 融资（asset-backed securities，资产支持证券）是一种通过将企业缺乏流动性但能产生稳定现金流的资产打包并证券化，从而在资本市场募集资金的融资方式。其核心逻辑是"以资产信用替代主体信用"，帮助企业盘活存量资产、降低融资成本。

以上都是事后的措施，要特别记住的是，风险的管控永远要想方设法做到事前才是上策。

第二金：存货

我们再来看，企业应该如何有效管理存货。

存货管理是企业运营中非常重要的一环，它涉及企业的现金流（占用了资金）、生产效率、销售能力及客户满意度等诸多方面。优秀的存货管理能力可以有效提升企业的资金利用效率、生产效率、销售能力和供应链效率，降低风险，提高企业的整体竞争力。

同样，企业要做好存货管理，第一应该明确责任主体，形成有效绩效管理闭环。

确定责任主体，可以分门别类来分析。企业经营管理活动中，提升存货周转率是一个精细化的系统工程。因为存货主要由原材料、在产品以及没有售出的产成品组成，我们必须分解开来逐一进行分析，分别寻找管理突破口。

- 从买入原材料到入库环节，管理的是原材料闲置时间，体现采购管理能力，即采购计划的准确性，属于采购部门职责。
- 在产品环节，企业的生产周期，体现生产管理能力即生产计划的准确性，属于生产部门职责。
- 产成品完工入库到售出环节，体现销售管理能力，属于销售部门职责。

相应地，也需要分别计算财务的周转指标，对企业经营管理才更有价值。存货管理能力对于制造型的企业而言是非常核心的管理命题，跟财务部门、采购部门、生产部门、销售部门、供应链等都有着密不可分的关系。

第二，财务部门需要与各责任单元有效沟通，提供及时精准的数据，以有效支撑决策。

同理，我们还可以对比存货的增长与收入的增长来看成长的质量。一般来说，存货增长与收入增长之间正相关。当销售增加，企业需要增加存货以满足市场需求，从而导致存货增长，存货的增长也会带来收入增长。

然而，存货增长也可能导致收入的下降。当存货增长过快超出了市场需求，可能会导致存货积压，降低销售速度和销售价格，从而影响收入增长。

因此，企业在经营过程中需要合理控制存货水平，根据市场需求和销售预测进行采购和库存管理，以实现存货增长与收入增长的良性循环。

存货增长与收入增长之间并不是简单的一对一的关系。存货增长的原因可以是销售增加、采购增加、库存周转率降低等，收入增长的原因可以是销售增长、销售价格上涨、销售结构优化等。

另外，企业的存货增长率也可以反映企业的生产能力和库存管理能力。如果企业的生产能力和库存管理能力较强，则能够更快地满足客户的需求，进而促进收入的增长；反之，如果企业的生产能力和库存管理能力较弱，则可能会导致不能满足客户需求，进而降低收入增长率。另外，企业的存货增长率也可以反映企业的价格策略，如果企业的价格策略合理，则可以促进收入增长率的提升；反之，如果企业的价格策略不合理，则可能会导致收入增长率的降低。

不难看出，存货的管理关键是精益管理。结合当下数字化及先进工具和应用，总结如下：

（1）供应链协同优化

需求预测：构建"三级预测体系"（历史数据＋市场趋势＋客户预订单）。

JIT（just in time）模式：与核心供应商共建 VMI（vendor managed inventory，寄售，由供应商管理库存）。

（2）存货分类管控

可采用 ABC 分类法：如对 A 类（高价关键件）采取安全库存＋

双源采购的管理策略，对 C 类（低值易耗品）采取零库存 + 电商平台集采的管理策略。

针对呆滞库存，处理方式有两种：一种是内部调剂，搭建集团级物资共享平台；一种是反向拍卖。

（3）数字化赋能

物联网应用：在库商品植入 RFID（radio frequency identification，射频识别）芯片，实时监控位置与状态。

动态补货算法：基于 ERP 数据自动触发采购指令。

（4）信息系统支撑

建设两金驾驶舱：集成 ERP、CRM（客户关系管理）、SRM（供应商关系管理）数据，实现多维度穿透分析。

风险预警模型：基于机器学习预测未来 3 个月资金缺口概率，提前启动应急预案。

在接下来的章节，我会系统阐述如何综合使用几张报表的指标来判断企业的能力变化及风险。

6.3　"三表"融会贯通法：永远不变的"一个中心，两个基本点"

"三表"中，资产负债表是母表，是"一个中心"，而利润表和现金流量表是附表，是"两个基本点"，是对资产负债表的有力补充。

表 6-1 中，我们把三大报表全部放在资产负债表中呈现，用不同的颜色区分三种活动。

表6-1　资产负债表、利润表、现金流量表"三表"归一

经营活动				投资活动		筹资活动
	资产			负债/权益		
货币资金（现金及等价物）	经营活动	流入	应付账款			
		流出	应付票据			
	投资活动	流入	预收账款			
		流出	其他应付款			
	融资活动	流入	应付职工薪酬			
		流出	应缴税费			
小计						
其他应收款			经营负债小计			
应收账款			短期借款			
存货	原材料		长期借款		一年内到期	
	在产品				超过一年	
	产成品		公司债券		一年内到期	
预付账款					超过一年	
			金融负债小计			
运营资产小计			全部债务合计			
固定资产			股本（实收资本）和资本公积			
减：累计折旧			盈余公积和未分配利润			
固定资产净值			金融资产持有价格变动损益			
无形资产			应付股利			
减：累计摊销			股东权益——当年利润表			
无形资产净值			营业收入			
开发支出			减：营业成本			
长期股权投资			减：营业税金及附加			
			减：销售费用			
投资资产合计			减：管理费用			
金融资产	经常交易		减：财务费用——净利息			
	持有时间不确定		减：财务费用——手续费及汇兑			
	持有至到期		加：投资收益——股权投资			
			加：投资收益——金融资产			
			加：金融资产价格变动损益			
			加：营业外收入			
			减：营业外支出			
			减：所得税——经营活动			
			减：所得税——融资活动			
			＝净利润			
			股东权益合计			
资产合计			负债和股权合计			

如何融会贯通地对"三表"关系进行总结呢？

现金决定生存，看财务报表，最先看现金流量表，看企业能否活下去，活得怎么样。现金流量表是唯一一张遵循自然法则即所谓收付实现制的报表，比较难作假，是一张真金白银的报表。

发展靠利润，看利润表不能只看收入和利润两个项目，要重点关注盈利能力及盈利质量。把现金流与利润结合起来看企业的经营状况，给企业做体检，如图 6-2 所示。

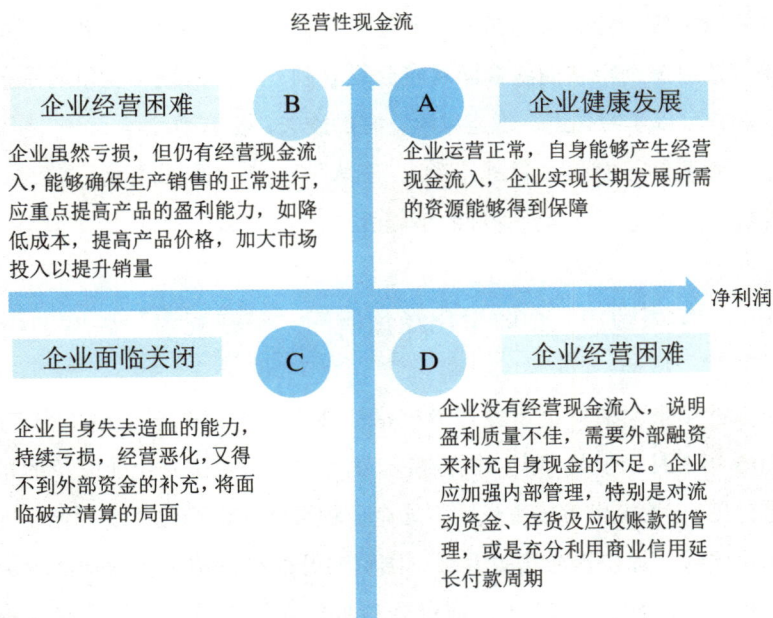

经营性现金流

企业经营困难 **B**	**A** 企业健康发展
企业虽然亏损，但仍有经营现金流入，能够确保生产销售的正常进行，应重点提高产品的盈利能力，如降低成本，提高产品价格，加大市场投入以提升销量	企业运营正常，自身能够产生经营现金流入，企业实现长期发展所需的资源能够得到保障
企业面临关闭 **C**	**D** 企业经营困难
企业自身失去造血的能力，持续亏损，经营恶化，又得不到外部资金的补充，将面临破产清算的局面	企业没有经营现金流入，说明盈利质量不佳，需要外部融资来补充自身现金的不足。企业应加强内部管理，特别是对流动资金、存货及应收账款的管理，或是充分利用商业信用延长付款周期

净利润

图 6-2　把现金流与利润结合起来看企业的经营状况

A 区：既有现金又有利润的企业一定是非常健康的，企业长期发展存在有效资源保障。

B 区：有现金，没利润，这样的企业在一定时间内即使不盈利，也可以正常运转，但是必须思考何时盈利的问题，才能向股东交代。

C 区：既没有现金也没有利润的企业，结局显而易见。

D 区：有利润，但是没有现金，说明企业的盈利质量差，必须加强营运资本及现金流的管理。

读懂了"三表"，并融会贯通应用"三表"，不仅可以读懂企业，也可以了解企业的价值链——上、下游。读懂了供应商、客户，企业就知道怎么跟它们签合同对自己更有利；读懂友商（竞争对手），企业就可以学习先进，规避风险，有的放矢，更有效竞争。

所谓知己解彼，百战不殆，"三表"的学习永无止境，"三表"的数字逻辑是企业经营管理的精髓所在。

6.4　学以致用：企业量化经营指标"一利五率"深度剖析

近年来，中央企业经营考核指标体系一直在探索中逐步完善。2015 年 8 月，中共中央、国务院印发《关于深化国有企业改革的指导意见》，为突出考核重点，引导企业积极适应市场化、现代化、国际化要求，加快提质增效升级，国资委开始推进中央企业功能分类考核。2019 年到 2022 年，国资委初步建立了中央企业经营考核指标体系，后续不断迭代优化，先后形成"两利一率""两利三率"和"两利四率"经营指标体系。2023 年年初，为落实党的二十大关于加快构建新发展格局、着力推动高质量发展的决策部署，国资委将中央企业主要经营指标由原来的"两利四率"调整为"一利五率"，并将指标总体目标由"两增一控三提高"调整至"一增一稳四提升"，进一步推动中央企业提高核心竞争力，加快实现高质量发展，建设世界一流企业。

"一利五率"分别指利润总额、资产负债率、营业现金比率、净资产收益率、研发经费投入强度、全员劳动生产率。

"一增"是指利润总额增速要高于 GDP 增速，"一稳"即资产负债率总体保持稳定，"四提升"指的是净资产收益率、全员劳动生产率、研发经费投入强度和营业现金比率要实现进一步提升。

为了深入理解以上指标，我们可以与前些年的考核指标来对比分析：

2019 年的"两利一率"：净利润、利润总额、资产负债率。

2020 年的"两利三率"：增加营业收入利润率和研发经费投入强度两个指标。

2021 年的"两利四率"：增加全员劳动生产率指标。

2022 年的"两利四率"：利润总额和净利润增速要高于 GDP 增速；资产负债率要控制在 65% 以内；营业收入利润率要再提高 0.1%，全员劳动生产率再提高 5%，研发经费投入要进一步提高。

什么没变？

一是，原有的"两利"指标中，保留了利润总额指标，主要考虑利润总额包含净利润和上缴税费，能直观反映企业为社会创造的价值。同时，利润总额也是劳动生产总值的重要组成部分，可以直接体现对 GDP 的贡献。中央企业要保持一定规模的增长以支撑 GDP 的增长。

二是继续保留资产负债率、研发经费投入强度、全员劳动生产率指标。

资产负债率指标无须赘述，前文已经充分讨论过。从近年监管实践看，国资委坚持对资产负债率的考核很好地约束了部分企业盲目扩张的冲动，因此要继续坚持对资产负债率的约束。

研发经费投入强度是衡量一个企业对研究、创新的重视程度和投入力度的指标，计算方法是用研发支出除以营业收入。必须注意，不同行业、不同业态的企业之间不能直接进行比较，因为不同行业营业收入结构的构成差异非常大。

研发经费投入强度指标反映了高质量发展的内在要求，近几年在鼓励科技创新、推动技术转化、促进新型产业发展方面发挥了积极作用，也是解决创新能力不足的重要抓手，需要继续坚持并加大投入强度。

全员劳动生产率，等于劳动生产总值除以从业员工人数。劳动生产率水平可以用同一劳动在单位时间内生产某种产品的数量来表示，单位时间内生产的产品数量越多，劳动生产率就越高；也可以用生产单位产品所耗费的劳动时间来表示，生产单位产品所需要的劳动时间越少，劳动生产率就越高。

全员劳动生产率指标主要衡量劳动力要素的投入产出效率，综合反映企业在国民经济中的社会贡献，部分中央企业还有很大提升空间，与世界一流企业相比存在较大差距，要通过提高全员劳动生产率深化三项制度改革，最大限度发挥广大员工的价值创造能力，从而推动全要素生产率的稳步提升。

什么变了？

一是将净利润改为净资产收益率。

净资产收益率比净利润指标更为合理。净资产收益率与资本市场的评价标准更为接近，尤其适合投资者理解国有控股上市公司的业绩表现。净资产收益率用来衡量企业权益资本的投入产出效率，反映企业为股东创造价值的能力，体现了国资委履行保障出资人权益、防止国有资产损失的法定职责，符合以"管资本"为主的监管导向，更为综合全面，有利于引导中央企业更加注重投入产出效率，提高资产使用效率，提升净资产创利能力和收益水平。

二是将营业收入利润率改为营业现金比率。

营业现金比率指标剔除了应收账款的影响，反映了企业的收入质量水平，有助于国有企业"两金"中应收账款政策的进一步落实。原营业收入利润率是考察多少营业收入转化为利润，虽然是效益指标，但主要考察的是成本控制能力，体现不出收益的质量。企业可能表面上盈利能力不错，实际上一堆烂账，或者在收入确认政策方面做了手脚，账面看上去很好。以上的变化充分凸显国家围绕着中央企业功能定位，聚焦主责主业。

同时，营业现金比率这个指标实现了"三表"的融会贯通，把资产负债表、利润表与现金流量表紧密结合起来，充分体现了国家追求"有利润的收入，有现金流的利润"的监管要求，有利于落实国有资产保值增值责任，引领中央企业不能只关注账面利润，也要关注生存之道——现金流的安全，还要关注可持续投资能力的提升，从而全面提高企业经营业绩的"含金量"，真正实现高质量发展，这是安全与发展并举的底线思维。

从"两利四率"到"一利五率"，指标体系的调整，基本形成了一个更加严谨、更加科学、更加成熟的体系。

一是坚持系统观念。"一利五率"指标相互衔接、有效贯通，既强调经营效益的合理增长，也强调发展质量的有效提升，实现了规模和速度、质量和效益、发展和安全的有机统一。

二是坚持守正创新。"一利五率"是对原"两利四率"指标的继承和发展，既巩固了"两利四率"实践中的成功经验，又突出了新阶段实现高质量发展、提升核心竞争力和建设世界一流企业的新要求，实现了继承中发展，巩固中提升。

三是坚持问题导向。"一利五率"指标体系的调整优化，重点针对当前部分中央企业存在的回报水平不优、盈利质量不高、市场竞争力不强、创新能力不足等短板，着力推动中央企业在实现高质量发展上取得新的突破，尤其是通过引入净资产收益率和营业现金比率，从根本上引导企业增强自生能力、积累能力、可持续发展能力和价值创造能力。

四是坚持底线思维。"一利五率"体现了统筹发展和安全的导向，通过强化研发投入，推动科技创新，着力解决"卡脖子"问题和产业链"断链"风险；通过对负债率和现金流的约束，引导企业增强风险意识，加强风险防控，提升抵御风险的能力，有效应对"黑天鹅""灰犀牛"的冲击。

中央企业将"一利五率"与本企业发展战略进行深入融合，以"一利五率"目标统领企业生产经营工作，通过"一利五率"指标的持续改善提升，加快实现高质量发展。新的经营指标体系重视价值增长，注重经营效率、强调风险防控、鼓励技术创新并关注人力资本效率，必将对现阶段国有企业经济主导作用和战略支撑作用起到重要指引作用。

国资委考核指标演变如表 6-2 所示。

表 6-2　国资委考核指标演变

2019 年 "二利一率"	2020 年 "二利三率"	2021 年 "二利四率"	2022 年 "二利四率"	2023 年 "一利五率"	2024 年 "三利六率"
净利润	净利润	净利润	净利润	利润总额	净利润、利润总额归母净利润
利润总额	利润总额	利润总额	利润总额	净资产收益率	净资产收益率
资产负债率	资产负债率	营业收入利润率	营业收入利润率	营业现金比率	营业现金比率
	营收利润率	研发经费投入强度	研发经费投入强度	研发经费投入强度	研发经费投入强度
	研发经费投入率	全员劳动生产率	全员劳动生产率	全员劳动生产率	全员劳动生产率
		资产负债率	资产负债率 < 65%	资产负债率稳定	战略性新兴产业收入增加值占比
					科技产出效率

2023 年《财富》杂志世界 500 强收入榜单中，中国的上榜公司数量位居各国之首，共有 142 家公司上榜，其中有 118 家国有企业。2024 年《财富》杂志世界 500 强，中国有 133 家企业上榜，美国有 139 家企业上榜。

但在利润榜单中，盈利能力和盈利质量仍然是中国大企业的短板，利润不到美国企业的一半。中国大陆企业平均利润仅为美国企业的 44%，过度依赖金融与能源国企，也未达到榜单中所有上榜企业的平均利润水平，增量提质不同步极为严重。

全球产业链还在重组，全球企业竞争规则也将重构。未来的中国大公司必然面临更严峻的挑战。中国大企业还是要苦练内功，不仅要做大，更要做强、做优，提升经营质量，从粗放式向精细化高质量迈进，既要增收更要增利，持续为员工、客户、股东创造价值。

管理为始，财务为终。所谓经营者，就是要"取得成果"的人。每个经营实体都必须实现业务闭环。管理者最终要为企业的经营绩效结果服务。

学习先进，方有可能成为先进，对标世界一流企业，央国企的带头作用和重要性不言而喻！

敲黑板画重点：

1. 资产负债表是一个存量的记录，而利润表和现金流量表是一个过程、流量的记录。

2. 现金流量表是唯一一张遵循收付实现制——自然法则的报表。

3. 理解企业现金流量表、资产负债表、利润表之间的内在联系，从财务管控转向业务源头治理。

4. 理解经营性现金流与利润的关系，判断企业的经营状态。

5. "三表"融会贯通，"一个中心，两个基本点"。

6. "两金"管理——如何科学管理应收账款及存货。

7. 理解央企量化经营指标体系"一利五率"。

第 7 章

科学决策：企业经营的指标体系

前文我们以"三表"作为工具，围绕着现金流、资产、负债、净资产及收入、成本、利润来谈企业的管理，目的是引领企业走向价值管理的道路。

所谓价值管理是指企业以价值创造为核心、以价值评估为基础、以价值增长为目的的一套创新的经营战略与管理体系。

企业与企业的竞争，不只是某个环节的竞争，而是整个价值链的竞争，价值链的综合竞争力决定企业的竞争力。企业开启价值管理，其核心思想是业财双向赋能，多维度精细化管理，基于价值管理导向，从战略目标开始，既对价值过程进行管理，也对价值结果进行管理。全要素价值衡量，全过程闭环管理，从而在增长和风险之间获得有效平衡，实现可持续健康发展。

唯有将价值管理真正应用于业务决策环节，才能助力企业达到员工、客户及股东价值最大化的目标。

价值管理有一套完整体系，要把它拆解成小指标，这些指标都指向价值管理的结果。

到底有哪些关键指标，下面我们具体探讨一下。

7.1 效益 × 效率 = 效能

可以说，财务管理更加接近管理的本质，因为有数字，有指标，以终为始，量化经营。

用量化的指标谈落地，效益的本质是利润率，而效率的本质是周转率。故企业的价值管理应该围绕着提升利润率和周转率展开。

利润率容易理解，周转率该怎么理解呢？

资产的存在之所以有价值，首先要能够给企业带来收入，如果最终没有带来收入，那这项资产（资金的占用）就没有价值。比如最终没能收回的应收账款，虽然曾经记了收入，最后又被冲销掉了，即没有给企业创造价值。这种资产就是泡沫、伪资产。那么，在企业里面都有什么可以周转呢？

现金、应收账款可以周转，存货可以周转，固定资产可以周转……它们的周转速度就是企业的效率。

这样就不难理解，为什么工厂要"三班倒"。因为排一个班，只带来一倍的收入；"两班倒"，折旧不变，带来两倍的收入；"三班倒"，同样的折旧，却带来了三倍的收入，即三倍的周转率。因为哪怕你一个班也不排，房屋的折旧、设备的折旧就在那里。

周转即效率，任何占用都是成本。提高效率的本质是加快周转。

前文我们介绍过"双效思维"，降本增效最终增的是"双效"，即兼顾效率和效益，提升企业的综合效能。这里我们用财务的公式和财务模型更加严谨地推导一下效率和效益这两个指标。

我们把效益的分母和效率的分子，做一下约分，可以得到一个比率。这个比率就是利润表的最后一行除以资产负债表左侧资产的合计数，即投资回报率（图 7–1）。

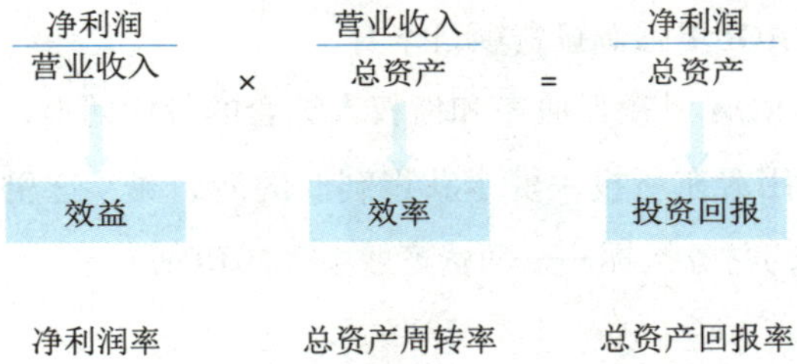

$$\frac{净利润}{营业收入} \times \frac{营业收入}{总资产} = \frac{净利润}{总资产}$$

效益	效率	投资回报

净利润率　　　　　总资产周转率　　　　总资产回报率

图 7–1　投资回报率公式拆分

效能的本质就是投资回报，即资产的存在（资金的占用）最终是否给企业带来净利润。

相较于资产带来收入的能力，即周转的能力，对于企业而言，资产最终要带来净利润。很多企业增收不增利，如果中长期都这样，就不是高质量的成长，而是盲目的扩张。

双效是一个管理命题，而投资回报是财务分析之后得出的结论。二者异曲同工，相得益彰。

投资回报是从企业整体经营管理的角度而言，这个指标在财务管理中叫 ROA(总资产报酬率)，又叫总资产收益率、总资产回报率，用来评估企业利用全部资产获利的能力。

ROA 对应的是企业所有的资金提供方的投资回报。结合我们之前学习的"三表"知识，ROA 的分母是资产负债表左侧资产的合计数，分子是利润表的最后一行，反映的是企业整体的投资回报，因为总资产（资金的占用），是由负债和所有者权益（资金的来源）带来的，所以，ROA 是股东和债权人综合的投资回报。

我认为 ROI 与 ROA 没有本质区别，只是 ROA 更强调公司的整体回报，而 ROI 更强调投资项目本身。

相较于 ROA 是衡量股东和债权人综合的投资回报，那么该如何衡量企业运用股东所投入资本获得利润的能力呢？这里引出一个股东更为关注的财务指标——净资产收益率（ROE）。

7.2　ROE 与杜邦分析法

曾经有人问巴菲特，如果只根据一种指标去投资会选什么？巴菲特的答案就是 ROE。

ROE 也叫股东回报率，是公司净利润与平均净资产的比率，本质是企业的价值驱动因素分析。

$$ROE = 净利润 / 平均股东权益 = 净利润 / 平均净资产$$

请注意，ROE 体现了自有资本的投资回报或获利能力，是净资产所产生的收益情况。简单的理解就是，当股东把钱投给企业，企业运用这部分资金给股东带来回报的能力，即每投入 1 元净资产，能产生多少净利润。

作为衡量企业经营情况的重要指标，ROE 直接反映了企业经营给股东带来的回报水平。

之前我们说过，企业的资本来源不仅包括股东的投资，还包括银行等外部金融机构的借款。这部分借款是企业的债务，到了还款时间，企业将利息返还银行，剩余的利润才属于股东。

　　解读 ROE 的著名工具就是杜邦分析法，杜邦分析法的基本思想是将 ROE 逐级分解为多项财务指标，来综合评估企业的经营业绩，如图 7–2 所示。

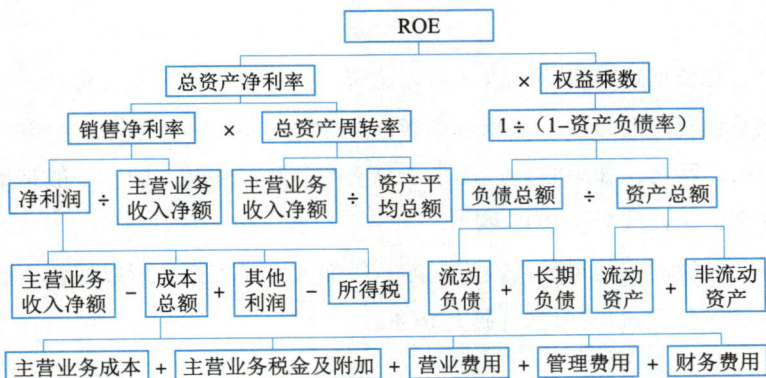

图 7–2　杜邦分析法

　　图 7–2 左边的部分主要跟利润表相关，右边的指标都跟资产负债表相关。ROE 之所以有价值，就是因为通过它可以把两大报表串起来。

　　世上没有完美的工具，ROE 的不完美之处就是，它没有考虑现金流的因素。这跟它产生的时代背景有关，因为那时还没有对现金流量表的思考。

　　通过图 7–2，我们不难看出，杜邦分析法把 ROE 分解成了三个关键指标：一是销售净利率，也是最核心的效益指标之一；二是总资产周转率，是最核心的效率指标；三是权益乘数，我们不用刻意记它，只需要理解权益乘数跟资产负债率成正比，其实就是资产相较净资产的倍数，所以叫"权益乘数"。

我们可以用数学的逻辑理解一下 ROE 与三个关键指标之间的关系。

销售净利率很好理解，企业越赚钱，销售净利率越高，就越能放大 ROE。

总资产周转率等于收入除以总资产。如果收入大于总资产，一般是轻资产的行业，意味着周转率大于 1，即一年转多圈，会放大 ROE；反之，如果收入远远小于总资产，几年才转一圈，一般是重资产行业，就会让 ROE 缩小。

最后的权益乘数，因为资产一般都大于净资产，所以权益乘数一般都大于 1，所以它会放大 ROE。

7.3 企业经营的"三大杠杆"

接下来，更重要的是从企业整体经营管理的逻辑来拆解 ROE，把杜邦分析法拆解为"三大杠杆"，来透视企业的核心竞争力、经营战略，以规划有效增长，如图 7–3 所示。

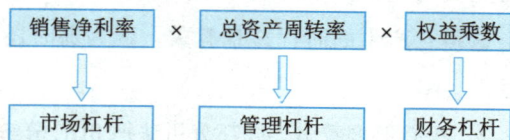

图 7–3 把杜邦分析法拆解为"三大杠杆"

　　什么样的企业销售净利率高（效益好）？这取决于企业的产品或服务拿到市场当中去检验，客户是否愿意花更高的价钱买单，我们称为市场杠杆。

　　什么样的企业周转快（效率高）？总资产周转率其实跟企业的管理能力相关，每个管理者都要提升自己的管理技能，本质是帮助企业提高资产及人的周转效率，即管理杠杆。

　　最后一个权益乘数，即财务杠杆。

　　杜邦分析法揭示的企业有效增长的逻辑如下：

- 赚得多（销售利润）——市场杠杆。
- 赚得快（运营效率）——管理杠杆。
- "借东风"——财务杠杆。

　　前两个杠杆是企业内部动力，即内功，体现了一个企业的经营策略；后一个杠杆是外部动力和融资策略，要懂得控制风险，即合理利用外部资源。

　　"三大杠杆"就像三驾马车一样，牵引着企业高质量可持续前进。

　　接下来，我们通过不同行业和企业的实际案例，谈谈如何应用"三大杠杆"。

1. 奢侈品行业——茅台模式

　　贵州茅台主要是靠市场杠杆驱动。在白酒行业，一定程度上茅台有定价权。

　　市场竞争中，凡是有定价权、靠市场杠杆驱动的企业，都是市场的佼佼者，凤毛麟角。

前文分析过，茅台由于产能的问题不能大肆扩张，但是如果产能不受限也不能大肆扩张，其本质就是奢侈品行业，物以稀为贵。

2. 快消行业——沃尔玛、好市多模式

沃尔玛[①]

2024 年《财富》杂志世界 500 强榜单中，沃尔玛连续第 11 年成为全球最大公司，也是 1995 年以来第 19 次登上该榜单。

它是一家典型的效率型即靠管理杠杆驱动的企业。沃尔玛通过调整供应链、仓储等不断提升效率，主打"天天低价"，每一件商品的利润不是那么高，但是转得快，沃尔玛的存货大概一年可以转 8 圈。

创始人山姆·沃尔顿做生意的要诀在于：所有货品全部平价销售。他坚信薄利多销是获得更大利润的不二法门："如果我用每个 80 美分的价格买进某种东西，并且发现如果每个卖 1 美元，销量会比每个卖 1.2 美元多出两倍，那我宁可卖 1 美元。虽然每卖一件就少赚一半利润，但是可以卖出 3 倍的量，整体算下来，利润还是大得多。"

在他看来，这种定价策略正是折扣零售业的精髓。

为了得到价格最低廉的产品，山姆·沃尔顿开始着手构建自己的配送系统。他亲自驾驶小货车找到供货商，等到货品进了店，他就开始促销特定产品。他把这种做法称为"单项促销"（item-merchandising）。沃尔玛这种独特的策略，使它有别于其他商店，创造

[①] 部分内容借鉴自《忠于你的事业——沃尔玛传奇》一书。

了极大的竞争优势。

超强的供应链及库存管理能力是沃尔玛的核心竞争力。1987 年，山姆·沃尔顿就一掷千金，不惜花巨资租用卫星，为公司建立起全美最大的私人卫星通信系统，以此提高公司的整体运作效率，并始终贯彻"从供应商那里为客户争取利益的采购原则"。

好市多（Costco）

好市多是一家比沃尔玛转得还要快的、成立于 1983 年的仓储型会员超市。它是仅次于沃尔玛的世界第二大零售商，客单价是沃尔玛的两倍以上。

雷军创办小米的时候受到了好市多很大的启发，巴菲特的搭档查理·芒格曾说这是一家他"想带进棺材"的公司。

准确地讲，好市多的店是仓储型超市，具备两种功能：存货和卖货。这种超市一般利用的都是闲置的仓库或者厂房，再把所有货都堆在里面。不太注重美观，但比较注重实用性——这种方式在零售业叫开架式陈列，客户可以直接选购。

好市多的毛利率只有百分之十几，生意还能持续做下去，这对商业模式和运营效率等的要求是极高的。而在这个方面几乎已经做到极致的沃尔玛，毛利率也有百分之二十几。

它的商业模式非常值得好好学习。在好市多，每卖一件商品，如果毛利率超过 14%，需要 CEO 审批，这正是它的商业模式。那它靠什么赚钱呢？

第一，靠会员费，好市多普通会员年费是 60 美元，高级会员是 120 美元，但是能享受一年内购买金额 2% 的返还，最高返还金额是

750 美元，相当于买得多就赚回来了。所以会员的复购率非常高，历史上美国和加拿大老会员的续费率超过了 90%，并且缩小了目标客户范围，将目标客户锁定在中产阶级家庭。

第二，严选低价模式，即将高质量的产品卖得更便宜的模式。沃尔玛的大型超市，一个店的 SKU（库存单位）超过 10 万个，多的时候能达到 15 万个。而好市多通常就 4000~5000 个，基本上一个品类只能找到 2~3 款产品，但这些产品都是口碑超好的人气爆款，且都是大包装，当消费者购买的品牌比较集中的时候，好市多的采购量自然也大，就能更好地跟供应商谈价格。

第三，极高的周转率加极致的会员服务。

好市多的周转率非常高，大概一年转 12 次，即一个月转一圈。即一笔钱进货以后，一个月之内就能把货物卖出去。

关于库存周转天数，据统计，好市多是 30 天，沃尔玛是 42~45 天。库存周期的压缩，带来了资金周转效率的提升，经营成本也下降了。

周转速度越快，零售企业的利润就越大。

好市多有一句名言是，"降低成本最好的办法，就是提高销售"。其本质是加速了资金的周转，正如我们之前说过的，经营企业不仅要向产品要利润，也要学会向资金要利润。

3. 手机行业

苹果公司

2024 年世界 500 强榜单中，苹果公司收入 3832.85 亿美元，位列第 7 位；利润 969.95 亿美元，位列第 2 位，仅次于沙特拉美；ROE

156%，位列第 4 位。

苹果公司是靠什么杠杆驱动的？首先，显然是市场杠杆，iPhone 这个产品目前看还是有定价权的。

那苹果公司的管理杠杆即管理效率又如何呢？

如果说乔布斯成就了苹果公司超强的市场杠杆，库克则成就了苹果公司超强的管理杠杆。

苹果公司现在的掌门人蒂姆·库克在乔布斯在世的时候担任 COO（首席运营官），主抓全球供应链，可以说库克拯救了苹果的供应链，即"果链"。

所谓"果链"即苹果公司的产业链。苹果公司的生产不能只依靠自己，它拥有一个非常独特、复杂、高效的全球产业链。从手机到电脑，部件和组装都依赖全球的协作网络。每年苹果公司都会发布排名前 200 的供应商名单，从 2021 年的名单能看到，苹果公司在全球有 600 多个生产基地 / 工厂。

苹果公司的创新不仅仅是科技创新和产品创新，也是伟大的商业模式创新。

高效的供应链和流程管理为苹果公司后来的商业传奇奠定了坚实基础，被很多其他互联网硬件公司模仿，但至今没有被超越。

苹果公司的市场杠杆和管理杠杆双轮驱动，"两驾马车"牵引着它往前走。除了"双剑合璧"的威力，我们前面讲过的苹果公司凭借对供应链的超强管控能力，也是一家典型的应用 OPM 战略的公司，三个杠杆齐发力，使得苹果公司成为人类历史上市值最高的公司之一。

小米

小米的手机出货量曾一度超越苹果公司，是一家非常了不起的中国企业。

前文提到，它的商业模式是雷军学习了美国好市多的商业模式，即极致性价比，不追求高利润率，但是通过提升供应链效率，即转得快，小米得以快速成长壮大。

小米让我们看到了专注、极致、口碑、敏捷的互联网模式，性价比、新媒体、和用户交朋友、单品爆款、打造生态链等互联网打法，还让我们看到了永不言败、永不知足、勇往直前的企业家精神。

小米的"护城河"和高速增长的法门是效率，即管理杠杆驱动。当然，小米同时也是一家应用 OPM 战略的企业。

手机行业的供应链是全球高度整合的，上游高度垄断，技术迭代很快。所以一个手机的成功，需要一个价值链，甚至价值网上的合作伙伴共同努力协作才能实现。

小米的线下零售做到了 27 万元的坪效（零售卖场每平方米的销售额），排在全球第二，仅次于苹果。雷军一再讲他们的业务像是在做"海鲜"生意，半天就要搞定，否则下午就臭了。小米涉及巨大的现金流、库存和非常长的周期：订货需要提前 4 个月，库存周转要求很高。新零售这个环节，雷军把小米的核心能力归结为"怎么能够最高效地把东西卖出去"。小米手机业务也在做高端化战略布局，让我们拭目以待。

华为

华为每年把大量的资金投入研发。1998 年这个要求被写进《华为基本法》，"华为公司的研发比重不可以低于营收的 10%"。2024 年华为研发投入 1797 亿元，占营业收入 8621 亿元的 20.8%，十年累计研发投入超 1.24 万亿元。

谁都不能保证研发一定能够成功，学习了"三大杠杆"，就会知道所有重金投研发的企业，都是有战略定力和长远规划的，都致力于让企业最终靠市场杠杆驱动。国家大力鼓励企业投入研发创新，扶植高端制造其意也在于此。

华为重金投入研发的本质是要成为一家像苹果公司一样，拥有一定定价权和话语权的公司。

在管理杠杆层面，华为是最早学习西方先进经营管理思想和方法并且学成的公司，基本上全球顶级的咨询公司，华为都向它们拜过师。

因为不上市，又重资投研发，所以华为一定要用银行的钱。因为企业的"颜值"足够高，债权式融资的成本相对合理，华为多年的财务杠杆都在 60% 左右（出售荣耀的相关年份，因为有大额现金流入，财务杠杆相对低一些）。

作为一家卓越的企业，华为正试着把杜邦分析法的逻辑用到极致。

至此，关于"三大杠杆"的应用，我们总结如下：

财务杠杆显然不是越高越好。如果高 ROE 是因为有大量有息负债，这类企业就隐藏着风险，它是以牺牲企业稳健经营为代价的。

所以，前两个杠杆都不靠，只靠财务杠杆是不能长久的，风险非常高，就好像无源之水，无本之木。

那市场杠杆与管理杠杆到底靠哪个好呢？答案很简单，能靠哪个就靠哪个，两个都靠得上的就是优秀甚至卓越。

当下及未来，不管是新兴行业，还是传统产业，都必须思考一个问题，即自己是要靠技术驱动、产品创新——市场杠杆，还是靠精细化运营——管理杠杆。

但市场杠杆与管理杠杆并不矛盾，优秀的企业一定是两手都要抓，两手都要硬。

7.4 三大竞争战略

讲到竞争战略，我们就不得不提到"竞争战略之父"——迈克尔·波特。他的第一部广为流传的著作是 1980 年出版的《竞争战略》，书中提出三种卓有成效的竞争战略，分别是成本领先战略、差异化战略和聚焦战略，企业应根据自身具体情况进行选择。

成本领先战略——卖得更多

成本领先战略是通过规模化生产、高效运营或技术创新，成为行业内成本最低的供应商，以低价吸引价格敏感型客户，同时保持合理利润的战略。

成本领先战略的关键举措如下：

- 规模经济：扩大生产规模，摊薄固定成本（如富士康代工模式）。
- 供应链优化：压低原材料成本（如沃尔玛的全球采购体系）。
- 技术降本：自动化生产、流程改造（如特斯拉的一体化压铸技术）。

成本领先战略的适用条件如下：

- 市场需求对价格高度敏感。
- 行业产品标准化程度高，差异化空间小。
- 企业具备资金和技术实力支持规模化投入。

典型案例，如沃尔玛通过高效的物流系统和批量采购，实现"天天低价"；西南航空通过单一机型（波音 737）加点对点航线，使得单位座位成本低于同行 30%。

差异化战略——卖得更贵

差异化战略是将产品或服务差异化，使其拥有全产业范围内的独特性，满足客户特殊需求，从而获得溢价能力，降低客户价格敏感度。实现差异化战略可以有许多方式：设计名牌形象、技术上的独特、性能特点、客户服务、商业网络及其他方面的独特性。最理想的情况是公司在几个方面都有其差异化特点。

如果成功地实施了差异化战略，它就会成为在一个产业中赢得高水平收益的积极战略。

差异化战略的关键举措如下：

- 产品创新：技术领先或功能独特（如苹果的生态系统）。
- 品牌塑造：情感价值或文化认同（如哈雷摩托的"自由精神"）。
- 服务增值：个性化体验（如海底捞的极致服务）。

差异化战略的适用条件如下：

- 客户愿意为差异化支付溢价。
- 企业具备创新能力或品牌运营能力。
- 行业竞争集中在非价格因素（如品质、设计）。

典型案例，如戴森凭借无叶风扇、高速马达技术，产品定价高于市场产品 3~5 倍；Lululemon 以"科技瑜伽服"定位，打造了高黏性社群文化。

聚焦战略——把价值打透

聚焦战略，不仅仅是为了聚焦，更是为了把价值打透。聚焦于特定细分市场（如地域、客户群或产品线），通过成本集中或差异化集中，在局部市场建立竞争优势。

聚焦战略有以下两种形式：

- 成本集中：在细分市场内实现最低成本（如拼多多早期聚焦下沉市场）。
- 差异化集中：在细分市场内提供独特价值（如 Patagonia 专注于环保户外装备）。

聚焦战略的适用条件如下：

- 存在未被满足的细分市场需求。
- 企业资源有限，无法覆盖全市场。
- 细分市场具备增长潜力或高利润率。

典型案例，如元气森林专注于"0 糖 0 卡"气泡水，避开与传统饮料巨头直接竞争；老干妈聚焦辣椒酱品类，通过区域化渠道和低价策略占据细分市场。

成本领先战略，就是薄利多销，想方设法把自己的成本降到比较低。这里比较低的意思是比其他企业都低，就有能力去用比别人都低的价格去卖产品，让产品有吸引力，买东西的人就会多，这样就做到了薄利多销。成本领先战略某种程度上是用效益换取效率的战略，所以它的表现是低毛利、高周转。

差异化战略是想方设法把自己的产品做得有特色，因为产品有特色，所以价钱可以比较贵，毛利率高。但是高端产品通常需求量会少一些，所以周转率相对会低一些，也就是效率会受到一些影响，所以差异化战略某种程度上是牺牲效率去换取效益的战略。

三大战略的实践差异如表 7-1 所示。

表 7-1　三大战略的实践差异

维度	成本领先	差异化	聚焦
客户价值主张	低价、高性价比	创新、品牌溢价	细分需求
核心竞争力	供应链效率、规模优势	技术研发、生态系统闭环	垂直领域的产品深度与社群运营
利润率	低毛利、高周转	高毛利、高客户忠诚度	中高毛利、高复购率

现实中存在一种可能，就是企业费了半天劲，却没有实现自己的战略定位，比如成本领先战略是低毛利、高周转，可是企业牺牲了毛利却没有换来高周转，或者差异化战略是高毛利、低周转，结果企业牺牲了周转率，却没有换来真正的高毛利，这些都表明企业战略执行是失败的。

战略选择和战略执行背后的驱动因素实际上是财务数据，我们可以从效益和效率两个角度去看。效益和效率最后共同决定了一家企业的投资回报，而投资回报也就是我们说的创造价值，是一家企业最终追求的目标。

它提醒我们去思考一件事：企业所做的每一项工作，现在发挥了什么作用？它是可以提高效益或效率，还是其实什么作用都没有？

7.5　价值链理论与科学降本增效

除了三大竞争战略，波特对现代商业社会的伟大贡献，还有著名的"价值链"分析。

波特的价值链理论认为：企业的任务是创造价值。"每一个企业都是在设计、生产、销售、发送和辅助其产品的过程中进行种种活动的集合体。所有这些活动可以用一个价值链来表示。这些互不相同但又相互关联的生产经营活动，构成了一个创造价值的动态过程，即价值链。"如图 7-4 所示。

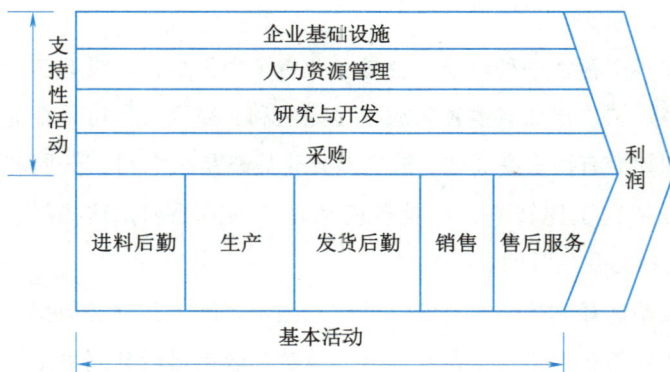

图 7-4　企业价值链示意图

　　企业的各项活动可以从战略重要性的角度分解为若干组成部分，包括企业基础设施、人力资源管理、研究与开发和采购四项支持性活动，以及供、产、销、服务等基本活动，这些活动的网状结构便构成了价值链。

　　无论是支持性活动还是基本活动，无论业务还是财务，最终都是为企业创造利润、创造价值服务的。价值链理论是企业分析竞争优势和制定降本增效策略的重要工具。它通过解构企业活动的各个环节，识别价值创造点和成本浪费点，从而实现科学优化，如图 7-5 所示。

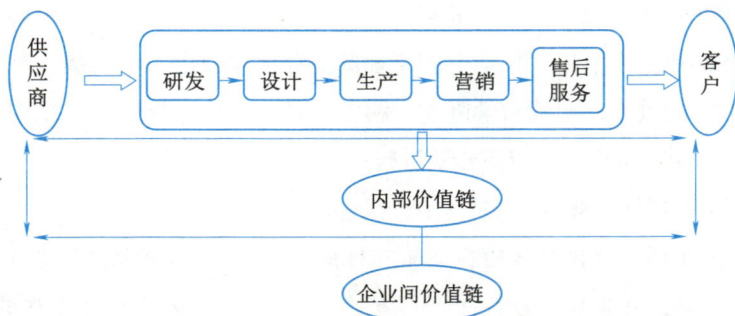

图 7-5　价值链的分解与整合

　　价值链在经济活动中无处不在，上下游关联的企业与企业之间存在行业价值链，企业内部各业务单元的联系构成了企业的价值链。价值链上的每一项活动都会对企业最终能够实现多大的价值造成影响，如图 7-6 所示。

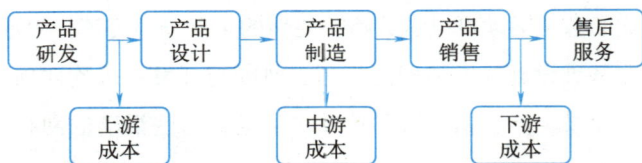

图 7-6　企业内部价值链

从企业间价值链的角度分析，企业可以看作整个行业价值生产的一个环节，与上游和下游存在紧密的相互依存关系。企业可以通过协调与上游供货商和下游客户的关系来优化价值链流程。

降本绝不能简单理解为压低采购的价格，更好的做法是不仅要管理好自身的成本结构、成本清单，还要向前管理，管好上游的成本结构和成本清单，拉动上游企业的业务流程改进，从而提升整体价值链的效率，实现科学降本。科学管理上游供应链的成本结构和成本清单，可以按照以下步骤进行：

- 确定成本结构

  了解上游供应链的各个环节和相关成本，可以对供应链进行分解，将其划分为供应商选择、采购、运输、库存管理等环节，并确定每个环节的成本项。

- 收集数据

  收集上游供应链各个环节的相关数据，包括供应商的价格、采购成本、运输成本、库存成本等。可以通过与供应商沟通、查阅文档和记录等方式获取数据。

- 分析成本结构

根据收集到的数据，对成本结构进行分析。可以使用成本分析工具，如成本构成分析、成本流程分析等方法，识别出主要的成本项和其占比。

- 制定成本清单

  根据成本结构分析的结果，制定上游供应链的成本清单，将各个环节的成本项明确列出，并标注其金额和占比。

- 评估成本优化机会

  通过对成本清单的分析，评估成本优化的机会。可以识别出成本较高的环节和成本项，并寻找降低成本的方法和策略。例如，可以与供应商谈判获取更优惠的价格，优化采购流程以减少采购成本，优化运输路线以降低运输成本等。

- 制定成本管理策略

  根据评估结果，制定上游供应链的成本管理策略。可以确定目标成本，制定成本控制措施，建立绩效评估体系等，以确保成本的有效管理和控制。

- 监测和调整

  定期监测上游供应链的成本情况，并根据实际情况进行调整。可以通过制定成本指标、定期评估成本绩效等方式，及时了解成本变化情况，并采取相应的措施进行调整和优化。

在观察企业内部价值链时，我们不妨思考一个问题：到底该在哪个环节降本呢？当然，哪里有机会都不能放弃，但是如果抓要害的话，哪里更有效呢？

传统的成本管理更多地聚焦在中游，但是基于价值链分析当代企业的战略成本管理，给了我们更高的视角，不难发现越往前越有效。

我们以汽车行业为例。汽车行业研发过程所发生的成本虽然只占产品总成本的 3% 左右，却决定着产品总成本的 75% 左右。即研发设计环节已经决定了整车成本结构的绝大部分，研发设计才是科学管控成本的关键。整车企业都是面向成本设计的"成本管理工程"，高效控制整车成本并提升产品的价值。

波特的"价值链"理论告诉我们，企业与企业的竞争，不只是某个环节的竞争，而是整个价值链的竞争，整个价值链的综合竞争力决定企业的竞争力。用波特的话来说就是："消费者心目中的价值由一连串企业内部物质与技术上的具体活动与利润所构成，当你和其他企业竞争时，其实是内部多项活动在进行竞争，而不是某一项活动的竞争。"

价值链上企业所有的活动都取决于顾客对产品或服务价值和成本的认同程度，波特的这一思想为当代企业的成本管理提供了创新的思路，即要从"小成本观"向"大成本观"转变。

传统的"小成本观"认为"成本越低越好""成本是吃掉利润的魔鬼"，这时企业往往会采取"节水、节电、节煤气"的抠门模式。而"大成本观"认为成本是为了达到特定目的而发生的价值牺牲，是为了换取收入、利润、现金流的资源投入，只要客户需要并愿意买单的就不应该省，"该省省，该投投""该花的钱一分不能少，不该花的钱一分不能多"。

所有经营都依赖投入，投入的目的是未来提升企业产品的竞争力。企业经营的相对优势最终比拼的是成本，对员工和客户的成本投入都是非常有意义的价值投入。没有最低成本，只有合理和合适的成本。好的成本设计会降低客户的成本，节省客户的时间，最终与客户建立牢不可破的关系，为客户输出价值，从而形成核心优势。

价值链分析是战略成本管理的逻辑起点。战略成本管理就是用战略的眼光从成本的发生源头识别成本动因，运用成本数据和信息，对价值链全过程进行成本管理和分析，以利于企业竞争优势的形成和核心竞争力的创造。

而增效是围绕"双效"展开的，至于如何提升效率，又如何提升效益，前文已经有详细说明。最后，我们总结一下，在企业的经营管理过程中，降本和增效密不可分、相融共生，降本绝不能简单理解为成本的节约，而应该基于对业务整体的思考，基于价值链分析，用 KPI 牵引从而形成有效的绩效管理闭环。

表 7-2 和 7-3 列举了一些企业的降本增效措施。

表 7-2　基本活动优化

环节	降本增效策略	典型案例
进货物流	供应商集中采购（规模效应）	特斯拉与锂矿商签订长协价，原材料成本降低 15%
	JIT（准时制）配送减少库存占用	
生产运营	智能制造（AI 质检、自动化产线）	富士康"关灯工厂"实现人力减少 80%，生产效率提升 3 倍
	精益生产（消除七大浪费）	
出货物流	多式联运优化路径（海运 + 铁路）	京东物流通过算法优化，配送成本下降 20%
	智能调度算法降低空载率	

续表

环节	降本增效策略	典型案例
市场营销	数字化精准投放（减少无效广告） 私域流量运营（降低获客成本）	完美日记通过小红书 KOC 种草，获客成本仅为传统广告的 1/3
售后服务	预测性维护（IoT 设备远程诊断） 自助服务平台降低人工成本	三一重工通过设备联网，售后维护成本降低 40%

表 7-3　支持活动优化

环节	降本增效策略	典型案例
采购管理	反向拍卖平台引入竞争 战略联盟共享采购资源	美的集团通过全球集采平台，年节约采购成本 8 亿元
技术开发	模块化设计（降低研发冗余） 开放式创新（联合高校 / 初创企业）	华为"2012 实验室"预研技术，5G 研发效率提升 30%
人力资源	数字化培训（AR 技能模拟） 灵活用工（项目制外包）	星巴克用 VR 培训咖啡师，培训周期从 8 周缩短至 2 周
企业基础设施	云化 IT 系统（降低服务器运维成本） 流程机器人（RPA 替代重复性工作）	平安集团部署 600 个 RPA 流程，年节省工时超 50 万小时

　　近几年我走进大江南北很多优秀企业进行学习和交流，发现每个企业都在谈"降本增效"。"降本增效"俨然成为近几年企业经营的关键词，这里不妨思考一下，管控成本最终到底是为了什么？

　　其实管控成本是为了管控利润，从中长期的视角来看，是为了投资回报，最终为了创造价值服务。形成有效的利润及投资回报闭环管理机制，搭建端到端、全流程、全价值链条的降本能力，才是企业科学降本增效的命门。

降本往往有下限，而增效无上限。不能脱离增效单独谈降本，二者是相融共生的，降本往往只是手段，增效才是最终目的。在降本增效的实施过程当中，员工与公司共赢，企业的降本增效才可持续。

"三大杠杆"与企业战略的结合，以及基于价值链分析的战略成本管理和科学降本增效，是从另外一个视角揭示企业经营的本质，可以帮助企业规划未来的有效成长路径。

7.6　财务思维金字塔及关键指标

接下来，我们来搭建财务思维的金字塔（图 7-7）。

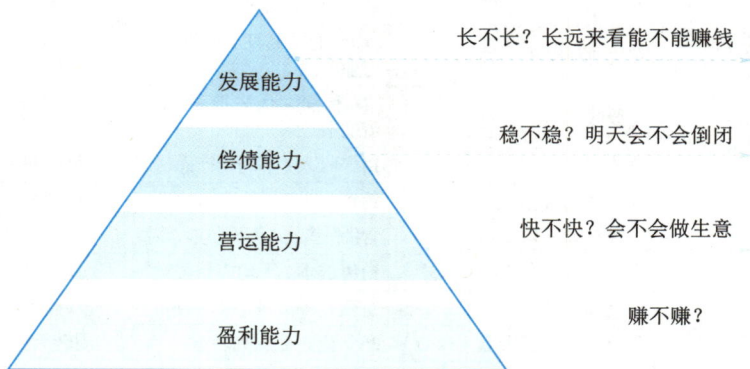

图 7-7　财务思维金字塔

首先我们看金字塔的底层"赚不赚？"，这个叫盈利能力，包括毛利率、净利率等关键指标，即市场杠杆的维度。

往上一层是"快不快？"。企业除了靠市场杠杆，还要看周转的效率，我们称其为营运能力，即管理杠杆。

再往上一层是"稳不稳？"，也叫偿债能力，资产负债率、流动比率、速动比率等，都是偿债能力的核心指标。

最顶端是"长不长？"，即中长期发展的能力。

从这四个维度去看所有企业，就看得比较全面了，这叫全局观。

为了方便大家后续的学习和应用，我把四大能力对应的财务指标进行了分类，如表7-4所示。

表7-4　四大能力与财务指标对应

赚不赚	盈利能力	毛利率	毛利 / 营业收入	
		净利率	净利润 / 营业收入	
		息税前利润率	（净利润 + 利息 + 所得税）/ 营业收入	
		每股收益	（净利润 – 优先股股息）/ 流通股股数	
快不快	营运能力	总资产周转率	销售收入 / 平均资产总额	周转率
		净资产周转率	销售收入 / 平均净资产	周转率
		应收账款周转率	含税销售收入 / 平均应收账款	周转率
		应付账款周转率	销售成本 / 平均应付账款	周转率
		存货周转率	主营业务成本 / 平均存货	周转率
		应收账款周转天数（DSO）	365/ 应收账款周转率	周转天数
		应付账款周转天数（DPO）	365/ 应付账款周转率	周转天数
		存货周转天数（DIO）	365/ 存货周转率	周转天数
		经营周期	DIO+DSO	周转天数

续表

		现金周期（CCC）	经营周期 – DPO	周转天数
快不快	营运能力	管理费用率	管理费用 / 主营业务收入	费用率
		销售费用率	销售费用 / 主营业务收入	费用率
		财务费用率	财务费用 / 主营业务收入	费用率
稳不稳	偿债能力	营运资本	流动资产 – 流动负债	
		流动比率	流动资产 / 流动负债	短期偿债能力
		速动比率	速动资产（流动资产 – 存货）/ 流动负债	短期偿债能力
		现金比率	货币资金 / 流动负债	短期偿债能力
		资产负债率	负债总额 / 资产总额	长期偿债能力
		有息负债率	有息债务 / 负债总额	
		净资产负债率（产权比率）	负债总额 / 股东权益	
		利息保障倍数	息税前利润 / 利息支出	
长不长	发展能力	经济增加值	税后净经营利润 – 资本成本	股东权益增长
		收入增长率	本期营业收入增加额 / 上期营业收入	销售增长
		营业利润增长率	本期营业利润增加额 / 上期营业利润	收益增长
		净利润增长率	本期净利润增加额 / 上期净利润	收益增长
		研发经费投入增长	（本期研发经费 – 上期研发经费）/ 上期研发经费	研发投入增长

盈利能力—市场杠杆—效益

盈利能力的指标中，重点关注息税前利润率。

相较于毛利润、净利润，衡量一个企业经营管理者业绩更公允的利润指标，就是息税前利润率。

息税前利润率用数学的逻辑看是在净利润的基础上把税和利息再加回来。原因是，无论税金也罢，利息也好，跟企业经营管理者的能力和业绩并不直接相关。税费的高低主要跟国家的政策制度有关。利息也类似，跟整个资金市场的供求情况有关。

营运能力—管理杠杆—效率

接下来，我们看看营运能力的指标。

不难发现，这些周转率指标的分子全是收入和成本，而分母都加了"平均"二字。

之所以这样，是因为分子里的收入、成本来源于利润表，属于期间记录（摄像机）。而分母的项目都来自资产负债表，属于时点记录（照片）。

用一个期间记录和一个时点记录去比，逻辑上是不对的，必须期间对期间才是符合逻辑的。所以，我们把资产负债表年初和年末做了一个算术平均，这是数学的逻辑。

接下来详细说明下营运能力里的关键指标。

应收账款周转天数（DSO）

应收账款周转天数是指企业从取得应收账款的权利到收回款项、转换为现金所需要的时间。应收账款周转天数是应收账款周转率的辅助性指标，周转天数越短，说明流动资金使用效率越高。它被用来衡量企业需要多长时间收回应收账款，属于公司经营能力分析的范畴。

由于大多数行业都存在信用销售，形成大量的应收账款，如何更快将这些应收账款收回并变为真金白银，对企业持续运转至关重要。如果周转天数延长，回款速度变慢，企业将不得不通过借债等方式来补充营运资金，会造成成本的上涨和经营的被动。在相同行业内，应收账款周转天数越短的公司通常竞争力越强。

应付账款周转天数（DPO）

通常，应付账款周转天数越长越好。这说明企业可以更多地占用供应商货款来补充现金而无须向银行短期借款。

同一个行业，该比率较大的企业通常市场地位较高。

在行业内采购量巨大的企业，信誉也好，才能在占用货款上拥有主动权。但在实践中，往往出现一边占用供应商货款，另一边客户又占用企业销售商品的货款，既应收账款，形成三角债，这时就需要用现金周转周期来通盘考量公司销售的现金生成能力。

存货周转天数（DIO / ITO）

存货周转天数是指企业从取得存货开始，至消耗、销售为止所经历的天数。周转天数越少，说明存货变现的速度越快。

存货周转天数是存货周转率的一个辅助性指标，周转天数越短，说明流动资金使用效率越高。

存货周转率体现的其实是企业采购、生产和销售这些业务流程的运作效率。要提高存货周转率，就需要在每一个具体的业务上精益求精，想方设法加快业务的运转。实际上，每种财务指标的背后都是企业业务运作的效率。

不同行业的存货周转率不尽相同，我们要学会从存货周转率搞懂企业的商业模式，从存货减值政策中排除利润地雷。

存货周转率与企业所在行业有关，比如前文提到的茅台的存货周转率如表 7–5 所示。

表 7-5 茅台的存货周转率

	2012年	2013年	2014年	2015年	2016年	2017年	2018年	2019年	2020年	2021年
存货周转率（次/年）	0.2	0.2	0.2	0.2	0.2	0.3	0.3	0.3	0.3	0.3

存货周转率可以显示每单位存货能赚多少利润、公司的最终存货管理效率如何。茅台约为 6 年转一圈，而房地产企业大概两年半转一圈，优秀的快消零售企业一般一年转 8~10 圈。

经营周期

经营周期是指从外购承担付款义务，到收回因销售商品或提供劳务而产生的应收账款的时间，即存货和应收账款都占用了企业的资金，把二者占用的天数加在一起就是企业的经营周期。

如果企业还有预付账款，因为预付账款也占用了企业的资金，把它占用的天数也得加上，经营周期的计算公式就变成了：存货周转天数 + 应收账款周转天数 + 预付账款周转天数。

经营周期的长短是决定公司流动资产需要量的重要因素。较短的经营周期表明企业对应收账款和存货的管理有效。一般情况下，经营周期短，说明资金周转速度快；经营周期长，说明资金周转速度慢。这就是经营周期与流动比率的关系。决定流动比率的主要因素是存货周转天数和应收账款周转天数，如图 7-8 所示。

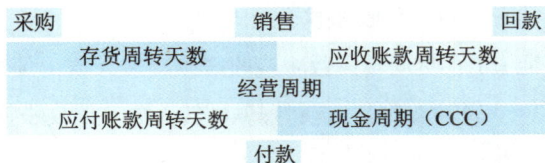

图 7-8　经营周期

在流动资产中，存货所占的比重较大。存货的流动性，将直接影响企业的流动比率，因此必须特别重视对存货的分析。

现金周期（CCC）

企业经营过程中，现金在企业流转包含四个环节：现金流出购买原材料，变为原材料及存货停留在企业内，卖出去产品形成应收账款，最终收回钱又变回现金。

这个过程流动越快，企业经营周期越短，现金的使用效率也越高。流动得越慢，现金的使用效率越低。

现金周期也叫资金缺口，是指企业在经营中从付出现金到收到现金所需要的平均时间。

如果说现金流是企业的血液，那么现金周期则显示了血液流动的状态。

企业经营过程中，既可能被别人占用资金（经营周期），也可以占用别人的资金，差额就是现金周期。现金周期的计算公式如下：

现金周期 = 存货周转天数 + 应收账款周转天数 –

应付账款周转天数

= 经营周期 – 应付账款周转天数

如果企业有预付及预收账款，公式则变为：

现金周期 =（存货周转天数 + 应收账款周转天数 + 预付账款

周转天数）– 应付账款周转天数 – 预收账款周转天数

优秀企业在现金周期上能够比一般企业少 40~65 天。

现金周期缩短不仅是企业效率提升的指标，也是效益提升的关键指标，因为降低了企业的资金使用成本。现金周期的变化会直接影响企业所需营运资金的数额。

通俗来讲，收钱快，付钱慢，这样的企业自身的现金流压力较小，即运用 OPM 战略越成功。现金周期为负数，说明企业可以占用别人的资金做生意；反之，如果为正，说明被别人占用了资金做生意。

偿债能力

偿债能力的营运资本、流动比率、速动比率、现金比率、有息负债率、资产负债率等指标，全部来自资产负债表，体现的是资产能否偿还负债。

这里重点说明一个指标——营运资本。

所谓营运资本，是指企业日常经营活动所需的流动资金，包括现金、存货、应收账款和应付账款等。营运资本等于流动资产减去流动负债。营运资本管理是指企业对以上项目的有效管理和有效利用，目标是确保企业在经营过程中能够满足日常经营所需的资金需求，同时最大限度地减少资金占用和资金成本。

有效的营运资本管理可以提高企业的流动性和资金利用效

率，有效降低资金使用成本，从而提升盈利能力、降低流动性风险。

一些常见的营运资本管理方法如下：

- 资金预测和规划：通过准确的资金预测和规划，及时调整资金结构和筹资方式，确保企业有足够的资金来支持日常经营和发展需求。本质是上文提到过的现金流管理。通过合理的现金流预测和控制，确保企业有足够的现金流来支付日常经营所需的费用和偿还债务。

- 存货管理：通过优化采购、生产和销售计划，减少存货周转时间和库存积压，降低存货占用的资金成本和风险。前文已系统介绍过。

- 应收账款管理：前文系统介绍过企业该如何进行信用管理与控制，也提到过可以通过净利润现金比率——利润兑现率等KPI指标来考核业务部门从而确保经营质量健康。

- 应付账款管理：合理有效利用商业信用，通过合理的供应商管理和谈判，延长应付账款的付款周期，缓解自身资金压力，解决资金短期周转困难的问题，优化资金使用效率。

- 短期借款管理：必要的时候可以向银行借款，利用财务杠杆，提高ROE，但要注意防范风险。

保守的营运资本管理认为，营运资本的金额越大，代表该企业对于支付负债的准备越充分，短期偿债能力越好。流动资产大于流动负债，看起来资产能够归还负债，但其实资产被用在哪里，质量和效率如何，都不清晰。如果它占用在应收账款上，最终不一定给企业带来利润及现金流。

　　同样，当营运资本是负数的时候，也就是一家企业的流动资产小于流动负债时，这家企业的营运可能随时因周转不灵而中断。实践中也要看具体的结构，如果企业是凭借产业链地位及 OPM 战略充分占用上下游的资金，并不能说明这家企业的营运资本管理失败，相反是营运资本管理有效的体现。所以，关于营运资本到底多少才算够，不能简单看正负，更重要的是看具体的结构及结构背后的产业链地位和商业（业务）模式，这才是有效决策的关键。

　　综上，我们不难发现，营运资本管理是企业经营管理中至关重要的环节，在企业销售及采购业务中处于重要地位，对企业目标利润也会产生重大影响。

　　针对销售活动，营运资本管理是对销售活动的有效管理而不是简单的限制，宗旨是促进销售部门有效防范销售风险，提高现金水位及利润水平。销售部门在做业务计划时，应事先对市场和客户有相应了解，把握市场变化，制定相应赊销政策，同时减少存货过多占用资金的风险。

　　表面上看，营运资金是企业的流动资产，是对流动负债的清偿和保障，但从本质及更深的层次来看，其体现了企业的战略层决策者对于企业整体商业模式及业务模式的中长期规划。

　　有效的营运资本管理必须依靠业财联动。通过有效的管理和优化利用营运资本，企业才能最终提高经营效益和竞争力。

　　让企业成为"现金永动机"，营运能力和效率是每个企业必修的功课。无论大环境如何，内功的修炼永无止境。

发展能力

我们主要是从纵向的时间轴看一个企业可持续性的指标。

本书第五章已对企业的各种利润进行了说明和对比。

经济附加值（EVA）的出现是财务评价思想的一次创新，可全面衡量资本效率，揭示真实价值创造。

EVA 是一种用于衡量企业经济效益的重要指标，可以帮助企业更好地了解自身的经营状况和经济效益。使用 EVA 时，需要注意不同国家的税收制度、企业风险系数等细节。

用 EVA 理念对企业进行价值管理是目前财务管理非常先进和前沿的方法。

盈利、营运、偿债、发展这四大能力对应了一系列的财务及经营指标，那企业是不是所有的指标都要用一遍呢？当然不是，严格来讲，经营分析报告并没有标准统一的格式，企业的业务模式、业务流程、组织架构都不尽相同，不同的行业侧重点也是不一样的，哪怕是同一家企业，在不同的生命周期阶段，其经营管理的重点也不尽相同，企业必须量体裁衣，结合自身当下的情况灵活运用。

7.7　学以致用：把财务指标转化为业务行动

企业制定了大致正确的战略目标，就好似拥有了一份宏伟的蓝图，接下来的关键问题是如何落地实现。答案是用 ROE 牵引整个公司的绩效管理体系和经营管理体系，如图 7–9 所示。

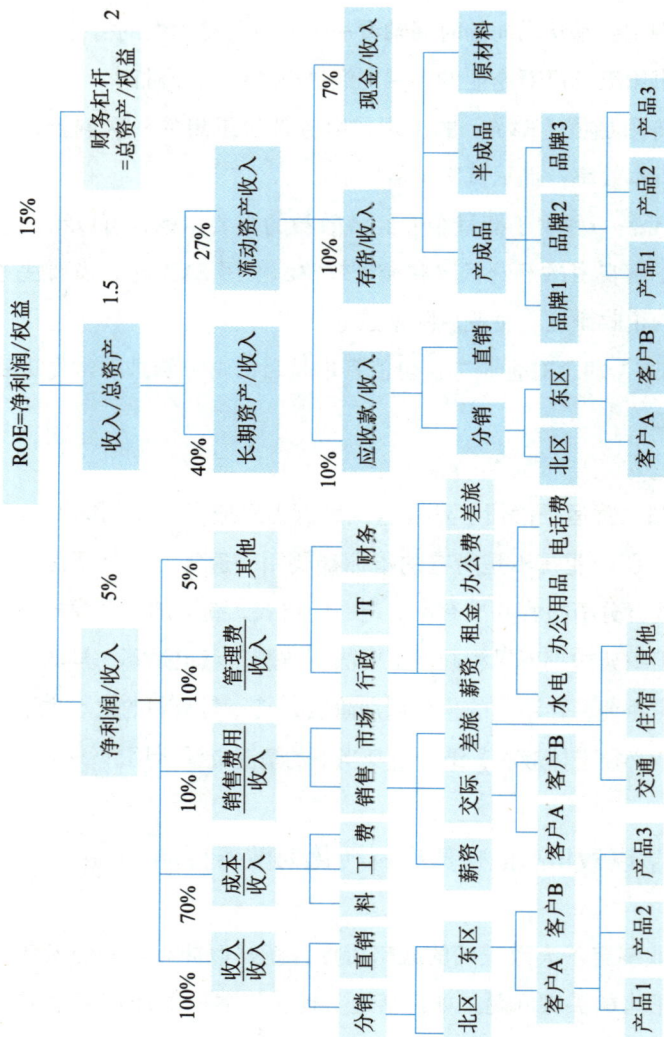

图7-9 用ROE牵引绩效管理体系和经营管理体系示例

　　把每一个财务指标还原到业务上去思考，才是真正以终为始的经营管理。图 7-9 把企业级的指标 ROE 设定为 15%，逐层分解最终到渠道、区域、客户、产品，把费用分解到每个费用的具体类型。这种分析逻辑也叫归因分析，从财务指标、财务分析归因到业务层级的业务分析，还原财务指标到业务活动。

　　我们把企业的"两金"管理也进行具体分解：把应收账款分解到渠道、区域、客户、产品，把存货的管理分解到原材料、半成品、产成品。不同的分解维度对应不同的责任担当部门。

　　追到"最后一公里"，我们该如何把财务指标转化为业务部门的具体行动，最终转换成业务的 KPI 呢？落实到业务指标上，必须要具体，比如是否要调整明年的赊销政策，把应收账款周转天数从 35 天降到 30 天，把存货周转天数从 50 天降到 40 天，其中，原材料周转天数缩短 5 天，半成品周转天数缩短 3 天，产成品周转天数缩短 2 天，等等。财务指标跟业务活动的关联性分析至关重要。

　　以下我们以制造业为例，看降本中的关键环节——原材料降本如何落实到业务行动中，如图 7-10 所示。

敲黑板画重点：

　　1. 销售净利率是企业核心的效益指标之一，总资产周转率是企业核心的效率指标。

　　2. 掌握投资回报率——"双效"管理背后的逻辑，效能本质上是资产带来净利润的能力，即投资回报。

　　3. 理解杜邦财务分解的结构。

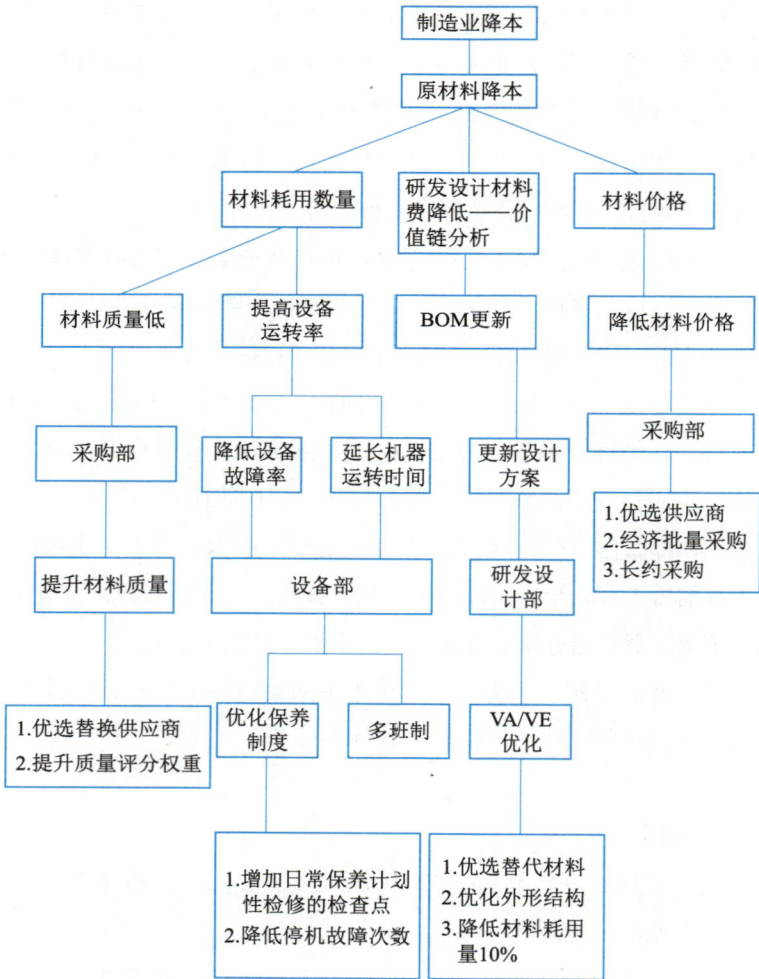

图 7-10　原材料降本如何落实到业务行动中（以制造业为例）

4. ROE 是衡量企业未来高质量可持续、长期有效增长的核心指标之一。

5. 三大杠杆及三大竞争战略，二者的有效结合在一定程度上揭示了企业经营的本质。

6. 掌握基于价值链分析的科学降本增效。

7. 掌握财务思维金字塔即企业的四种能力及其关键指标。

8. 如何利用 ROE 体系把财务指标转化为业务行动。

第 8 章

解锁商业密码：企业不同阶段对应的管理者财务能力

有效应用企业经营关键指标是解锁商业成功的金钥匙。

处于不同行业和不同发展阶段的企业，经营管理的侧重点都会不一样，本章作为总结，会从企业经营的源头详解经营关键指标的应用。企业的所有绩效指标真正能够做到业财联动，方能够凸显数据对企业的价值，财务战略永远要服务于企业战略，并为企业战略目标的达成保驾护航。

从财务管理的视角看企业，所有的企业都在重复做同样一件事，即不断重复从现金到现金的过程。这个过程追求两个目标：第一个目标是保证这个过程不要中断，即得保证活着；第二个目标就是赚钱，回来的钱要比投入的钱多。

8.1　活下来：企业经营第一课

活下来是企业经营管理的最高哲学，活着是一切的前提。谈到创业，谈到经营，每个企业都得首先思考活着的问题。激荡的商业社会，伟大的企业都历经考验。时代呼吁企业家和经营管理者要勇于面对现实，快速应对，有纪律有原则。

当下，每家企业都必须把现金流作为生命线来管理。解决现金流问题或许短期内看是为了活命必须做点什么，长期来看更多的功夫都在平时。

企业基本的商业逻辑就在于，如何获得可持续的经营性现金流。这不是一朝一夕能练就的，而是平时高度自律的结果。

从现金流视角看，一家企业不是占用别人的钱，就是自己的钱被别人占用。接下来，我们看一下企业的商业模式。

我们可以总结为两类商业模式（表 8-1），一类叫 A 模式——占用别人的资金，另一类叫 B 模式——被别人占用资金。

表 8-1　现金流视角看企业的商业模式

	销售活动		采购活动	
	卖东西	模式	买东西	模式
A 模式——占用别人的资金	现金	现销预售	应付账款	赊购
	预收账款		应付票据	
B 模式——被别人占用资金	应收账款	赊销	预付账款	预购现购
	应收票据		现金	

A 模式

在销售商品——卖东西时，采用现销或预售模式，双方"一手交钱一手交货"或者客户先给钱。

为什么客户愿意先给钱？因为产品稀缺，供不应求，产品力强，俗称卖方市场。所以如果想占用别人的资金，企业必须深耕产品，在研发设计上加大投入力度，厚积薄发。

在采购商品——买东西时，采用赊购模式，即先拿货后给钱。能够做到这一点一定是因为，企业采购的商品在市场上相对供大于求，所以可以占用供应商的资金。这也就是前文提到的 OPM 战略。这样的企业往往现金流充沛，日子过得松快，俗称"不差钱"。而这种不差钱模式的企业经营风险相对更低，资金成本更低，相应可以带来更高的利润和投资回报。

B 模式

在销售商品——卖东西时，采用赊销模式，即产品或服务给客户了，但是没有收到钱，账期到了，才能收回现金。这样就被客户无偿占用了现金流，赊销是当代商业社会非常普遍的销售模式，不一样的可能只是账期长短。

在采购商品——买东西时，由于对方产品的稀缺性，你不得不先付给对方现金（预购）或者"一手交钱一手交货"（现购）。预付模式是指先付款再提货的模式，也叫被供应商占用现金流的模式。

采用这种模式的企业俗称"日子过得紧巴巴"，营运资本管理、融资节奏、扩张的节奏是企业必须好好做的功课。比如一些做大宗贸易的企业，被两头占用现金流，资金成本管理就是其核心的经营管理命题。

混合模式

还有很多企业的现金流模式是 A、B 的混合模式，比如，一边赊销被客户占用了现金流，另一边赊购占用了供应商的现金流。这样的企业就需要平衡好各方的关系，做好营运资本的管理。

看得见盈利，但看不见现金的生意要慎做。现金流就像一个企业的血库，尽一切努力延缓付款，加速回款，这样才能保证血库不会干涸（表 8-2）。

表 8-2　现金流管理

现金流管理	速度		流量	
现金流入	快	慢	大	小
现金流出	慢	快	小	大
资金充足度	充足	不足	充足	不足

企业一旦面临生存困境，取舍方是大智慧。当下可做可不做的，必须果断停掉、卖掉。与企业战略强相关的明星业务，则要尽一切可能保留，因为那是企业的未来。

之前我们花了很多篇幅去讲现金流和利润的区别，以及应该如何去平衡，其实平衡之道的本质就是取舍之道。企业在生死存亡之际，必须要懂得舍利润，换现金，即使短期内卖得便宜，可能赚得少甚至不赚钱、亏钱都得卖。这样做的目的是换取未来 3~6 个月的现金流转正，只有这样企业才能活下去。

　　中国的企业尤其是中小民营企业，现金流多半只能维持 1~2 个月，这也是民营企业相对短命的根本原因。企业一定要注重现金流的管理，让现金流能撑超过 3~6 个月，甚至更长。

　　日本企业的经验值得我们学习和思考。日本是全世界长寿企业最多的国家，创业邦（ID：ichuangyebang，作者信陵）曾统计过一组数字：

　　　　据日本商工会的调查，截至 2017 年，日本经营历史超过100 年的企业共有 33068 家。如果经营历史以 300 年计，日本老店的数量占全球 53%，德国其次，占 19%，其余没有一个国家超过 5%，美国和中国都是 1%。

　　　　日本有千年企业 21 家，500 年企业 147 家，300 年企业近2000 家，百年企业的数量占企业总数 1%。全球最古老的 10 家企业，日本占 9 家。最古老的金刚组——一家木结构建筑商（房企），成立于 578 年。

　　这里我们不禁要问：为什么日本企业如此抗老，如此长寿，有什么值得我们借鉴的地方？

　　前文多次强调现金流对企业的重要性，钱不是万能的，但没钱是万万不能的。日本企业有一条极为普遍的"经营准则"，被称为"蓄水经营"，也有人叫"水库式经营"准则。我们可以把企业的现金流量比作"现金水位线"。日本企业，无论是小微企业，还是世界 500 强企业，其流动资金可维持半年以上，是一条最基本的企业经营红线。也就是说，当企业手头的流动资金低于半年支出时，就意味着企业经营陷入了危险状态，必须寻求紧急融资，或大幅削减成本。

为什么这条红线设定的时间是"半年"？"静说日本"主理人徐静波老师总结为：因为日本制造企业从自己掏钱购进原材料，到制造产品提供给客户，再到客户支付货款，这个周期在日本社会的不成文约定是半年。也就是说，客户收到货之后，3个月后付款是常态。而这之前的3个月，是厂家进货、设计、生产的周期。所以，要维持正常经营，一家企业最少也得准备半年以上的流动资金。

事实上，日本企业越大，其现金流红线设得越高。日本各大跨国公司的现金流红线，普遍是"3年"，因为其在海外投资的回收周期较长。

稻盛和夫先生曾说过："京瓷公司7年不赚一分钱，也不会倒闭。"因为京瓷公司的企业内部存款之多，足以让5万多名员工躺着就能安度7年。

做到基业长青当然非常难，日本百年企业的生存准则，很值得我们思考。

8.2　活得好：企业赚钱的核心逻辑

除了适度利用财务杠杆，企业赚钱要么靠效益好，要么靠效率高。

企业赚钱本质上是有效应对外部商业环境及自身战略选择的结

果。我们借用波特五力模型来探讨企业如何应对外部环境（图 8-1）。

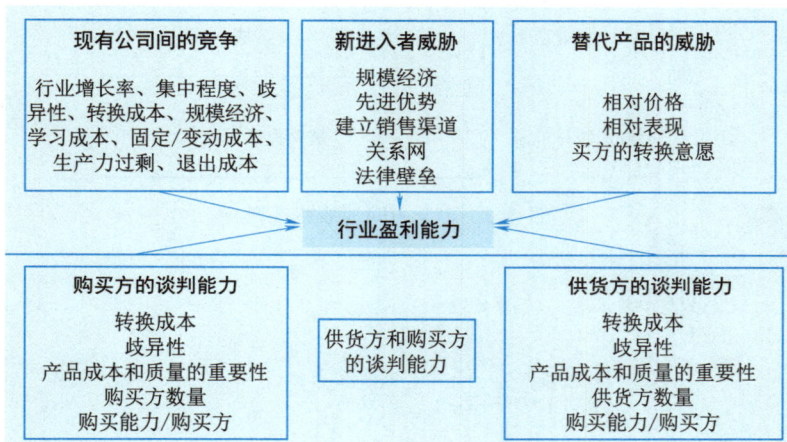

图 8-1　企业的外部环境波特五力分析

　　图 8-1 的上方，行业的竞争环境会影响企业盈利能力，可能会导致利润下降，效益下滑。下方的上下游产业链环境也会影响企业盈利。行业竞争越激烈，就越会导致付钱快、收钱慢。

　　针对这种情况，企业有不同的应对措施，即战略的选择。

　　根据做多个业务还是单一业务，我们把企业的战略分成三种：第一种是成本领先，第二种是差异化，第三种针对特定细分市场叫聚焦，如图 8-2 所示。

　　清华大学肖星老师曾借用效益与效率两个要素，从二维视角对此进行讨论，受此启发，我们也深入探讨一下企业赚钱的逻辑（图 8-3）。

战略优势

差异化　　　　　　低成本

战略目标	差异化	低成本
全行业范围	差异化战略	成本领先战略
特定细分市场	聚焦战略	

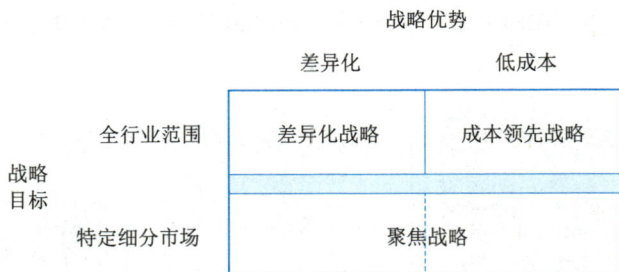

图 8-2　企业不同的战略选择

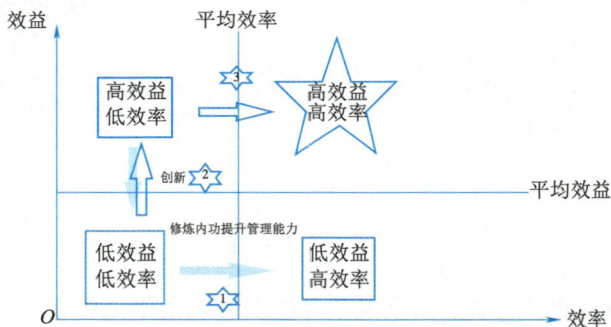

图 8-3　企业赚钱逻辑改变的路径

　　根据行业发展的一般规律，位于图 8-3 左上角的企业也就是我们俗称的赚钱容易的企业。然而，随着竞争的加剧，整体行业的盈利水平被拉低，即行业下沉，企业逐渐来到图 8-3 的左下角，经营状况严重恶化，"双低"的企业想活下来、活得久是很难的，也即优胜劣汰。

　　企业为了生存，必须寻求改变，苦练内功，提升效率，这样就来到图 8-3 的右下角，企业靠内功即成本领先取胜，那些所谓成熟的行业都在这个区域，比如食品、饮料、汽车、医药零售、传统家电等。

此处，我们一起思考一个关键的问题：企业除了提升管理能力、和效率之外，还有没有别的路径可以选呢？如图 8-3 所示，企业是否可以从左下角又回到左上角呢？

当然可以，比如重资投入研发的高科技行业，凭借革命性技术，即靠创新就有机会回到左上角。更有那些全能型选手，可以做到既高效益也高效率，进到右上角，当然这样的企业是非常少的，比如苹果、华为等。

越是重研发投入、技术门槛越高的企业，越有机会在更长的时间里待在左上角。它的优势在于给自己留了更多的时间去学习先进，修炼内功。而只是靠短期的一技之长进入左上角的企业，如果这个一技之长被别人快速复制，是很难在左上角站稳脚跟的。如果有机会走到右下角，才有机会持续下去，否则都将只是昙花一现。回望商业历史的长河，这样的企业比比皆是。

企业在创业阶段，一般主要琢磨如何把产品造出来和卖出去。很多管理者天天想着要赚钱，却不知道自己哪个产品赚钱，哪个产品不赚钱，经营企业必须搞清楚钱是怎么赚到的。从效益跟效率两个因素去思考是非常重要的逻辑，企业想要赚钱必须要搞清楚自己到底是要靠提高效益还是靠提高效率，只有真正卓越的企业才有资格两者兼顾。

强烈建议每一位创业者在启动之前，就把赚钱的商业逻辑想清楚、弄明白，这会大大提升创业成功率。外部环境的变化我们无法回避，能做的只有以不变应万变，选择一条适合自己的路，并且坚定地走下去。

8.3　活得有序：以全面预算为抓手打通企业经营

全面预算是企业实现价值管理、量化管理的关键路径。一个好的全面预算就好似一张全景式作战地图，指导企业在战斗中无往而不胜。优秀企业的未来是事前规划及设计出来的，它是验证企业对目标有效性的"数据标尺"，是用财务工具进行业务逻辑的推演。

"凡事预则立，不预则废。"成功是种习惯，全面预算就是要给企业培养一个走向成功的习惯。

全面预算本质上是一种对未来的管理，通过规划未来的发展来指导现在的实践。全面预算是企业价值增值得以实现的保障，既是管理控制的主要手段，又是战略实施的必要工具。成功的全面预算必然要与战略目标和价值管理相融合。

预算一定要让听得见炮火的人即真正懂业务的人去做，战略目标制定以后，先有业务计划，再由财务部门汇总，让企业运营的负责人结合整体目标，协同各部门，最终制定出合理的整体预算和分解预算。

预算是一场"彩排"

全面预算是指企业针对未来某一特定期间，以实现企业目标利润为目的，以销售预测为起点，对生产、成本及现金收支等进行预测，并编制预计利润表、预计现金流量表和预计资产负债表，反映企业在未来期间的财务状况和经营成果。

图 8-4 诠释了全面预算循环的全景框架。

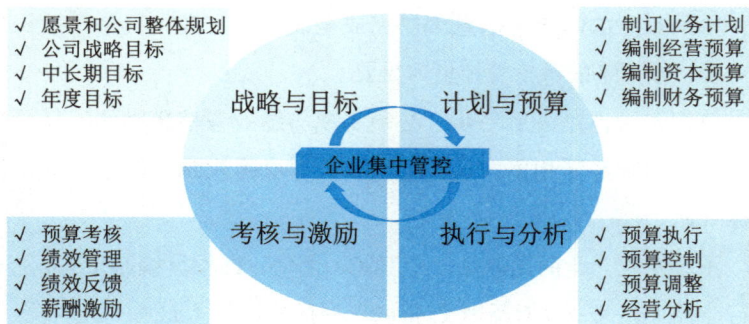

图 8-4 全面预算循环全景框架图

第一步，企业要依据自身愿景和规划制定战略目标，通常而言，企业会制定一个中长期的战略目标，一般为 3~5 年，同时制定最近的年度目标。相较于中长期目标，年度目标的准确度会更高。

第二步，企业把战略目标进行分解，比如，分解到业务线、BG（business group，业务集团）、BU（business unit，业务单元）的层级，进而分解到产品、区域、渠道、项目等环节，形成业务计划（business plan，BP）。注意，业务计划在先，预算编制在后，即依据业务计划进行预算的编制工作。具体预算的编制，大体包括经营预算、资本预算以及财务预算。

第三步，预算编制好了，更为重要的是执行和控制。预算的目标好比一把尺子，实际的经营管理得遵照这把尺子的刻度来落地。

这部分包括预算的执行、控制、调整和分析。近些年在线下与企业交流的过程中，我发现很多企业做了多年全面预算，仍然用不好这个工具的主要原因之一就是"重编制，轻执行"。对于财务部门而言，协同业务部门统合信息编制完成全面预算方案，只是万里长征第一步，接下来的事中管控更为重要。

第四步，也是最后一步，必须实现与绩效考核激励的闭环，与部门、人的利益强相关，这样组织和人才会重视预算管理，真正把目标落地。

不难发现，全面预算是一个 PDCA 循环，即预算编制（plan）→执行监控（do）→分析反馈（check）→优化调整（act）。

需要注意的是，无论预算如何做，结果永远都是"错"的，因为预算永远不等同于实际。那为什么还要做呢？这就好比春晚需要彩排一样，要协调如此庞大的组织共同完成一件事，必须借助工具，预算就是这样一个工具。预算就好比彩排，而企业全员都是演员，是企业整体站在今年的时间点集体彩排，围绕着目标，看明年到底该怎么干。CEO 等核心管理团队要先上台，制定大致正确的目标，然后业务部门上台把分解后的目标认领到位，财务部门围绕目标统合所有数据，以终为始把所有数字推演一遍。

全面预算的编制流程

很多企业都是在每年 9 月前后召开了预算启动会之后，由财务部门牵头开始浩浩荡荡的编制工作，发表、收表。如果没有信息系统作为工具，完全手工编制，对业务部门尤其对财务部门来说非常耗时耗力。这里我帮助大家整理了一个系统的编制流程。

1. 战略决定生存，全面预算必须要从企业战略开始

企业通过对外部环境和内部因素进行分析，再结合竞争者将要采取的战略，知彼知己综合平衡后探索一条最适合自身发展的路径，即企业的战略。企业制定战略的目的就是扬长避短、趋利避害，最终创造更大的价值。制定战略，除了使用战略管理的工具，也要借助之前提过的杜邦财务分解、盈利能力分析、平衡之道等工具系统梳理企业的经营。这里不仅包含梳理企业自身的经营数据，还要同步梳理同行业、友商、价值链的相关数据，依据以上数据对企业的未来做规划，定位、取舍、配称，聚焦价值客户、价值区域、价值产品。

企业必须明确当年及未来 3~5 年的战略目标，尽量把目标量化，尤其要用财务的绩效结果即经营指标来量化。战略的执行最终的评价都会落实到数字上，也只有落实到数字上才能真正客观反映战略执行和落地的效果。

具体目标的合理性要求的指导原则大致可以概括为：

- 保障资金投入的合理回报：回报类预算指标原则上应高于上两年的平均值，具体指标包括 ROE、ROI（ROA）、毛利率、净利率等。
- 促进资金良性周转：周转类预算指标原则上应高于上两年的高值，具体指标包括资金周转率、应收账款周转率、存货周转率、固定资产周转率等。
- 加强自身"造血能力"：经营活动的净现金流增长，原则上不

低于上两年的高值，具体指标指经营性活动净现金流。

2. 把战略目标分解成业务计划

通过对企业过去的经营状况进行系统梳理和规划，企业未来资源的整体配置就非常清晰了。请注意，这一步至关重要，我发现绝大部分企业都没有做经营梳理这一步。通过系统的经营梳理，可以更为有的放矢地把战略目标分解成业务计划。

预算的编制流程一般采用自上而下、自下而上、上下结合、分级编制、逐级汇总的方式。业务计划最终要靠业务部门实现，所以业务部门必须认领，很多企业采用了类似认领"军令状"的形式。

下面以价值链条相对完整的制造业为例，提供一个使用相对广泛的企业经营计划编制大纲供大家参考。

总体要求

- 紧紧围绕和承接公司战略，根据自身所属的产业的特点、行业的规律及业务特性，按产品/客户/区域/渠道/项目细化，逐级下沉，分解到月、核心经营指标、核心业绩指标，改善短板，落实举措、资源配置计划，以提升产业地位和投资回报为核心，实现战略落地。

- 重点经营计划中应包含核心业绩指标（收入、利润、现金流、ROE、成本费用总额占收入比重、周转率等）的分解落实计划及改进计划，人工、资金、风险等资源的优化配置计划等。

- 平衡好存量与增量、盈利与资本、规模与效率的内在联系，切实促进经营内涵的提升，明确提升存量业务经营规模和盈利内涵，围绕产品、客户、区域、市场等关键环节制订分解落实计划，明确市场占有目标。增量业务围绕盈利达到可研目标，投资建设成本控制目标。

具体计划

• 销售计划

明确市场占有目标，平衡规模与效率。

在明确了市场占有目标之后，应从基础的业务单元开始，围绕产品、客户、市场、渠道等关键环节制订分解落实计划。

对当前市场状况、竞争对手和产品销售渠道等进行详细分析，结合整体市场情况、老客户维护及新客户开拓、市场预测中各种产品发展前景等资料，分产品、分客户编制销售计划与销量预算，再根据单位销售价格计划，编制销售收入预算。

根据销售收入预算、交易条件、风险管理政策等，编制分产品、分客户的风险资源预算（包括应收账款预算和预收账款预算）和营运资本预算，进而编制现金流入计划。

• 生产计划

以市场为导向，突出"以销定产"原则（特殊供不应求的行业及企业也可能"以产定销"），注重生产与销售的匹配性（产销协同），注意产能与库容的限制，避免出现生产不能满足销售或库存积压的局面。提高产能利用率，同时编制工艺改进计划、产品质量计划。

• 采购计划

生产企业采购计划编制以生产计划、物料需求计划为基础，营销企业采购计划编制以销售计划为基础。需要对企业上游即采购市场进行系统分析，合理确定老供应商维护、新供应商开拓的方案。根据库容情况、原材料/产品需求与库存之间的相互影响和联动，编制原材料/产品的库存计划。同时，根据采购量、采购价格及交易情况（付款条件、账期、授信计划）等，编制应付/预付计划、现金流出计划。

• 成本费用控制计划

加强成本费用管控，最终提升经营效率（管理杠杆），强化精细化管理，深挖控制潜力，以科学降本增效为目标。以效率拉动盈利提升的关键在于成本费用管控，应通过市场价格倒逼目标成本，将市场竞争压力传递到每一级责任单元。成本预算制定应同样遵循投入产出原则：变动成本控制应重点通过单位成本要素投入量下降促进边际贡献的提高；固定成本控制应重点关注固定投入（人员、机构等）的增加对盈利的促进作用，大的原则是固定成本的增长幅度不高于边际贡献的增长幅度。管理类固定人工成本：要依据人力资源建设计划及管理人员配置情况，合理制订人工成本管控计划，确保人工成本增长与业绩增长同步。

• 资产优化计划

存量业务加快资产周转，增量业务兑现可研承诺。存量业务重点抓资产周转，长期资产关注产能利用率，流动资产重点控制应收、存货规模。控制授信规模，充分考虑生产周期、订货时间、季节性需求等因素，合理控制库存规模。增量业务不低于可研报告中当期盈利水平，增量业务资本占用要求是投资成本控制在可研、概算范围内。

• 资金需求计划

以现金流为核心，以经营计划为基础，依据供、产、销计划编制营运资金预算，依据并购、工程建设、创新数字化等计划编制资本支出预算；根据营运资金预算、资本支出预算统筹测算资金缺口，合理确定融资预算及货币资金预算，最终形成债权融资、股权融资以及金融衍生品等预算需求。营运资金预算需求同比增幅原则上不得高于收入、利润同比增幅，凡应收及存货等周转率指标、经营现金流指标、毛利率指标未达到指标要求的，原则上不予配置。资金预算应遵循短期资金额度对应短期资金需求、中长期资金资源满足中长期资金需求的原则。

• 风险管理计划

内部控制持续改进计划。加强对内控体系有效性的评估，健全运行监督检查机制，推动自身内控体系的持续改进和不断完善。逐步退出资源占用大、风险高、收益低的低内涵、低价值业务。

• 投资计划

符合企业战略发展方向及最近 3~5 年战略发展规划和整体布局。投资总量应与财务结构、财务实力相匹配，体现资金资源的优化配置。并购等战略型投资应集中于产业链关键环节，具有较强的行业竞争力，财务指标符合公司要求，有利于提高公司核心竞争力。

• 研发投入计划

结合战略发展和产业需求，按照公司既定科技投入占产业收入比重，预算执行过程中要充分考虑行业技术趋势分析、竞争对标与专利布局、财务资源约束、政策与资本杠杆等因素。给中小企业的实操建议是，国家虽然大力支持企业自主创新，但中小企业的资源相对有限，要注意聚焦原则、单点突破，如将 80% 研发资源投入 1~2 个核心赛道，通过众包平台（如 InnoCentive 开放式创新众包平台）低成本获取技术方案。另外，要学会借力，充分利用政策红利，申请科创补贴（如中国科技型中小企业研发费用补助），注重生态协同，如加入产业联盟共享研发资源。

• 人力资源计划

关键岗位人才盘点，结合企业整体战略需求，找出与业务发展需求的匹配度做差异分析，包括数量、结构、状态、能力等方面的综合分析，制订人力资源战略规划，明确企业在人才引进、人才发展和人才培养等方面的重点举措，完善绩效管理及薪酬资源分配与公司战略匹配，确定人均利润总额、人工成本利润率等人效指标，分析人工投入产出效率。

• 安全生产、职业健康、环境保护和节能减排计划

以"以人为本、安全生产"为核心理念编制健康安全环保节能计划。

• 企业数字化计划

以对业务支撑为重点开展数字化转型和变革及数字化建设，提高数字化应用水平。以项目的 ROI（预计项目上线后带来的成本减少及收益增加除以项目总投资额）为重要考核依据。从规范管理流程、提升业务运营效率、提升业务效益等几个角度对项目实施的成果进行综合价值评估。

3. 全面预算的编制

全面预算实质就是各司其职把企业明年及中长期的三大报表排演一遍。企业为了各个阶段的战略目标，需要对企业的人、财、物、供、产、销进行统筹安排。销售部门编制销售预算，确定将要销售的产品品种、数量、单价、回款时点与金额。生产部门编制生产预算，确定将要生产和结存的产品品种、数量。采购部门编制采购预算，确定将要采购原料的品种、数量、单价、付款时点与金额。各部门根据企业战略发展的需要编制费用预算。人力资源部门编制直接人工成本预算，等等。财务部门统筹汇总各种预算，编制产品成本预算表，最后形成利润表、现金流预算表、预计资产负债表。

全面预算主要包括三大类：经营预算、资本（投资）预算、财务预算。

经营预算是指企业对日常经营活动的具体安排，具体包括销售预算、生产预算、采购预算、直接材料消耗预算、直接人工成本预算、制造费用预算、管理费用预算、财务费用预算、销售费用预算等。

资本（投资）预算是指投资层面上的预算，包括固定资产投资预算、债券投资预算、权益性资本投资预算。

财务预算是指报表层面上的预算，包括预计资产负债表、预计利润表、预计现金流量表。

预算编制原则要求如下：

• 经营预算

细化预算编制，相对成熟业务如 70% 以上业务应落实到客户、商品、数量单价、业务周期、盈利水平等具体业务计划，以支撑预算可实现性，保证预算目标达成。对于经营计划的重点工作任务，在预算编制中必有回响。

• 资本（投资）预算

以投资项目预算为基础，编制年度资本（投资）预算，作为资本性支出预算和预算日常监控的依据。

• 财务预算

以经营预算和投资预算为基础，穿透"三表"逻辑编制财务预算。

全面预算具体编制的方法有很多（表 8-3），企业可以根据自身需求进行选择，这里重点介绍两种最常用的方法。

表 8-3　预算的具体编制方法

预算种类	方　法	要　点
固定预算	适用于固定成本费用预算的编制	固定成本费用的划分
弹性预算	适用于变动成本费用预算的编制	变动成本费用的划分，对于某些选择性固定成本费用预算，也可考虑用这种方法编制

续表

预算种类	方　法	要　点
增量预算	适用于影响因素简单和以前年度基本合理的预算指标编制	合理使用增量法，可以减少预算编制的工作量，但应详细说明增减变动原因
零基预算	适用于以前年度可能存在不合理或潜力比较大的预算指标编制	使用周期不宜过短，否则会增加工作量
定期预算	适用于固定资产、部门费用、咨询费、保险费、广告费等预算的编制	合理使用定期预算，可以减少预算编制的工作量
滚动预算	适用于定期预算以外的指标预算的编制	通常按季度滚动，每季度第三个月中旬着手滚动预算工作
确定预算	适用于预算期稳定的预算指标编制	合理使用此方法，可以减少预算编制工作量
概率预算	适用于预算期变化大的预算指标的编制，也适合长期预算的编制	运用加权平均方法计算期望值

一是增量预算，即将本期的预算指标数值在以前的基础上做幅度增减。例如：在什么基础上调 10% 或下降 5% 等。优点是方法简单，省时省力。缺点是承认了既定事实的合理性，即过去的合理性，会造成预算不足或安于现状、资源浪费等问题。

二是零基预算，即一切从零开始，基于当下的综合情况，判定合理性及组织的潜能，确定指标数字。优点是不受既定事实的影响，一切从合理性和可能性出发，有利于整个组织发挥潜能，避免走老路。缺点是相对复杂，耗时耗力。

关于部门级别如何编制预算，这里重点介绍一下销售预算的编制。销售预测是企业各项经营预测的前提、进行经营决策的基础及企业编制各项计划的前提。绝大部分企业编制预算的模式是以销定产，以销售预测的结果为起点，分别编制销售预算、生产预算、成本预算、利润预算、现金预算，考核主要以收入、利润、现金回款作为主要指标。

少数绝对的卖方市场，比如前两年新能源行业的上游，只要生产出来就不愁卖，这样的企业则采用以产定销的模式。

销售预测的影响因素包括外部因素和内部因素。外部因素，包括宏观环境、地缘政治、市场需求、同业竞争动向等。内部因素，包括销售策略、信用政策、生产能力、产品结构、新品上市等。

销售预测的方法包括定性预测法和定量预测法，主要预测对象包括：

- 企业战略目标及生命周期
- 政府政策、产业趋势
- 历史数据（自身/行业）
- 市场/客户/用户需求
- 竞争对手市场策略等

销售的 SMART 目标包括：

- 订单金额
- 新客户开发数量
- 出货金额
- 新产品推广数量
- 回款速度
- 出货金额与订单金额关联（订单周转速度）
- 回款与出货关联（客户信用管控）

以下提供几份销售预测的表格模板供大家参考。

表 8-4 的关键指标是销量、平均售价、营业收入。比如按产品、客户等维度，编制符合公司业务特点的销售计划（包括季节性因素等）。

表 8-4　生产及营销企业销售计划表（模板 1）

基本信息		经营情况										
		1 月			2 月			…			20×× 年		
产品名称	客户名称	销量	单价	营业收入	销量	单价	营业收入	销量	单价	营业收入	销量合计	平均售价	收入合计
产品 1	客户 1												
	客户 2												
	…												
	…												
	…												
产品 1 小计													
产品 2	客户 1												
	客户 2												
	…												
	…												
产品 2 小计													
…													
合计													

表 8-5 的关键指标包括平均账期、赊销比、应收周转率、现金流入。在销售计划中，应同时根据销量、售价、交易情况（收款条件、账期、授信计划）等，编制应收 / 预收计划、现金流入计划。

表8-5 生产及营销企业销售计划表（模板2）

基本信息		收款条件	结算方式	平均账期（天）	赊销占收入比例	累积赊销发生额	平均应收余额	平均预收余额	应收款项余额		应收周转率	预收账款余额		现金流入	
产品名称	客户名称								年初	1月 …		年初	1月 …	1月 …	合计
产品1	客户1														
	客户2														
	…														
	…														
	…														
产品1小计															
产品2	客户1														
	客户2														
	…														
	…														
	…														
产品2小计															
…															
合计															

交易情况

销售费用预算关键管控依据如表 8-6 所示。

表 8-6　销售费用预算关键管控依据

No.	销售费用具体项目	关键费用动因	费用管控要点
1	销售人员工资	人数及人员结构	根据年初预算销售人员费用总额，人均工资、人均销售额、销售人员费用占总销售费用 %
2	销售人员奖金及提成	营销奖励制度，提成比例及规则，业绩达标情况	奖金 / 提成占销售费用 %，奖金 / 提成占总销售额 %
3	客户拜访，客户关系维护费用	客户数量、客户级别和规模拜访次数，费用标准	业务招待费占销售费用 %，费用合理及合规性，预算内
4	渠道销售费用	渠道代理商、分销商，门店定位	佣金和返点机制，门店装修及运营费用
5	市场推广宣传费用	参加展会 / 论坛（次数、规模）等	执行公司规定的营销策略
6	应收账款成本	应收余额，逾期天数，逾期金额，坏账	应收余额——资金占用成本催款不力——罚息严重逾期应收——坏账风险，罚息
7	存货成本	库存管理计划，库存周转，产销缺口	库存周转率 / 天数，资金成本，仓储费用，呆滞损失，存货预算

最后就人和系统的问题，谈谈我自己的看法。

问题一：财务组织中什么样的人适合从事全面预算的统筹编制等工作？

问题二：到底要不要以及什么时候使用系统代替人的手工表格？

就问题一，首先，这样的人得财务专业技能过硬，熟练掌握及应用财务知识。相较于专业技能，我通过与众多企业的线下交流，发现眼下更紧迫的技能是沟通影响能力，即"言值"高。让平行的业务部门配合整体的预算编制及整合，对沟通能力的要求是非常高的，而这也往往是当下财务组织集体需要提升的软技能。

就问题二，我的答案是不一定。系统只是工具，比系统更重要的是人的能力、组织的协同和流程的标准化，如果人的能力不行，业务与财务的协同都没有梳理好，流程没有标准化，是不能单纯指望花钱买一个系统就能彻底解决问题的。诚然，如果人、组织、流程都就位之后，系统的力量得以发挥，给各个责任中心端口权限，各司其事，精准高效，可以更高效地输入和输出，就能为决策制定提供有力的数据支撑，对经营风险的预警提供强有力保证。

全面预算的执行、控制、分析和调整

定好了目标，分解了计划，接下来每个部门就应该各司其职，以预算的数字为标尺来指导日常的活动。

全面预算管理控制的组织层级如图 8-5 所示。

这里要注意业务部门即每一个责任中心是预算管理控制的第一责任人。应该把预算的指标贯彻到日常的经营管理活动中去，这是最重要的事前管控手段。财务部门应用财务管理工具，从全局的视角统筹目标的进展，及时发现问题，进而反馈到预算管理委员会（三级监控）进行调整控制，最后由"钦差部门"——内部审计部门进行事后审核监控。

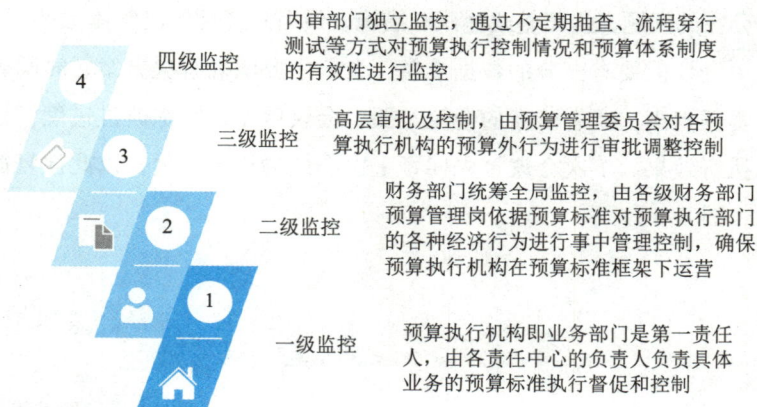

四级监控　内审部门独立监控，通过不定期抽查、流程穿行测试等方式对预算执行控制情况和预算体系制度的有效性进行监控

三级监控　高层审批及控制，由预算管理委员会对各预算执行机构的预算外行为进行审批调整控制

二级监控　财务部门统筹全局监控，由各级财务部门预算管理岗依据预算标准对预算执行部门的各种经济行为进行事中管理控制，确保预算执行机构在预算标准框架下运营

一级监控　预算执行机构即业务部门是第一责任人，由各责任中心的负责人负责具体业务的预算标准执行督促和控制

图 8-5　全面预算管理控制的组织层级

全面预算的执行和分析的关键是开好一切以数据为核心的经营分析会。

财务部门结账完成后协同业务部门进行系统经营分析工作，确定会议重点，跟进业务部门做相应准备工作。结账效率高的企业可以做到每月上旬召开，企业的经营领导班子雷打不动定期召开。财务部门统筹的信息大体包括：基线数据、对标数据、预算数据、实际数据、目标 / 改进数据。

有以上数据作为依据，在经营分析会上，预测内抓执行，预测外抓机会。财务部门讲解全面预算执行情况、差异及原因分析，重点总结经营过程中的风险和困难，评估对后续经营计划及目标的影响。业务部门汇报执行情况，主要是围绕关键绩效指标的达成情况，分析差异并找到问题根因，即数据背后的业务动因、业务故事，针对存在的问题，提出整改建议和措施，最后总经理给出整体意见。

会议前要有充分的数据准备，会议中要明确解决方案、时间表及责任担当，要有清晰的会议纪要，会议后专人跟踪改进进度，评估执行效果。下次会议首先回顾上次会议的任务进展，以此往复循环（图 8-6）。

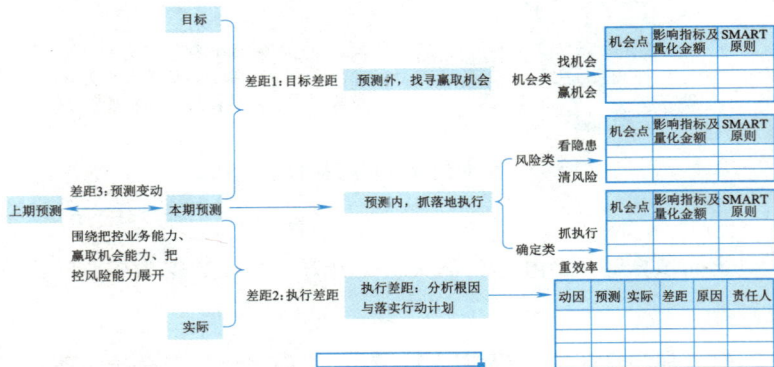

图 8-6　通过滚动预测实现全面预算闭环管理

经营分析会不是表彰会，而是问题解决会；不是语文大会，是数学大会。开到位的经营分析会是肉、骨头都疼的大会。

关于预算的调整，首先我们要强调预算的刚性，不能随便调整，因为牵一发而动全身，一个调整牵扯多个部门的精力，耗时耗力。但也不是不可以调整，比如国家相关政策发生重大变化，发生突发事件，董事会追加任务，成员单位发生重大变化比如幅度超过 20% 等情况下，预算目标如果不加调整就会失去实际的意义，就需要相应进行调整，一般每年调整 1~2 次。所以预算要刚性但不僵化，灵活但不失控。

全面预算的考核与绩效管理
全面预算管理考核评价的内容及关键点

全面预算考核评价的内容主要包括：

- 对全面预算目标执行情况的评价。
- 对全面预算执行部门和执行人的评价。
- 对全面预算体系、系统及流程的评价。

全面预算考核评价的关键点主要有：

- 从公司级、事业部级、部门级及个人四个层级进行评价。
- 与个人业务层级及员工个人的绩效评价和薪酬分配结果强相关。

全面预算考核内容主要从以下三个维度进行：

- 预算目标的完成性。定量指标，超额完成奖励、未达标惩罚；鼓励实际完成越高越好。
- 预算目标的准确性及偏差度。任何管理都不应脱离人性，大多数人习惯于自我保护及保守定义所在组织及个人的目标，基于对人性的思考及预算管理上下结合的博弈过程，除了考核完成性，还需要考核准确性及偏差度。比如，如果完成性超额要奖励，但是偏差度过高是要扣分的，从而牵引企业预算目标不断提升，业绩不断增长。
- 预算管理规范性。为了促进预算体系及流程的不断改善，有必要考核规范性即流程的有效性。比如衡量预算编制是否信息准确、上报及时，执行分析和控制工作是否有效。这往往是一个定性指标。

把企业战略目标及规划分解到经营的关键指标，结合企业全面绩效管理体系真切落实。图 8-7 借用平衡计分卡作为绩效管理办法，结合本书用关键经营绩效指标分解的核心理念展示了全面预算考核评价体系。

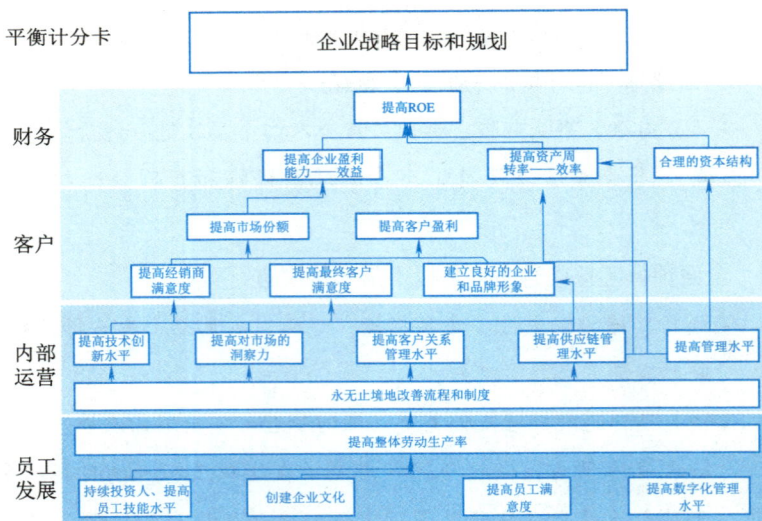

图 8-7　全面预算考核评价体系

我们可以进一步把效率指标——资产周转率进行分解（图 8-8）。

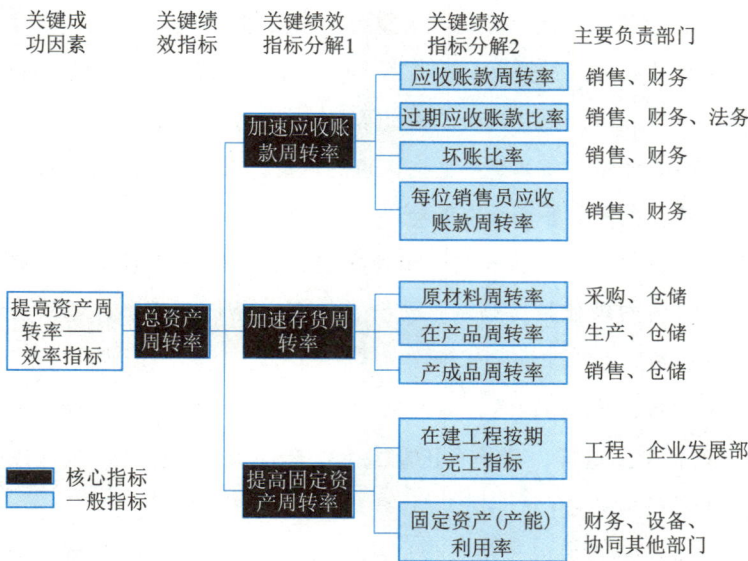

图 8-8 分解效率指标中的资产周转率

　　全面预算是为了落实公司战略目标，成就销售、采购、研发等，而非只是为了考核，为了管控。全面预算的前提是关注企业未来价值及人才，必须建立组织体系，梳理公司架构。全面预算的基础是人力资源管理，必须要有明确的岗位职责及工作分析（做什么，怎样算做好），必须成立预算组织（否则预算无从谈起，很难落实绩效考核，而落实不到绩效的预算是"死预算"）。优秀企业的实践经验表明，建立预算体系的过程，就是人力资源规范的过程，特别是核心高管和技术人员的规范，规范的表现就是管人、管钱、管风险的行为得到约束和标准化。

全面预算管理的"全"至关重要，主要体现在：

- 全员参与，人得全，预算不只是财务部门的事，首先是"一把手"工程，业财联动，全员参与。

- 全面覆盖，预算要覆盖企业的供产销、人财物，覆盖企业的经营、投资、筹资所有活动。

- 全程监控，业务部门、财务部门、预算管理委员会、内审部门的四级监控，编制、执行、控制、分析、调整、考核全程监控。

- 全部分解，横到边，纵到底，人人头上有指标，一块钱不留。

只有做到这样，才是真正意义上的全面预算。至此，全面预算管理的价值主要是：

首先，最重要的价值是保证战略目标的达成，否则预算就是失败的。以华为的"五级预算体系"体系为例，如下所示：

- 公司级预算：3 年战略规划→收入复合年均增长率 10%；

- BG 级预算：产品线投资→研发占比 15%；

- 区域预算：各国市场占有率目标；

- 项目预算：单项目内部回报率 > 12%；

- 部门预算：管理费用年降 5%；

- 成果：2022 年研发投入 1615 亿元，支撑 5G 专利全球第一。

其次，保证资源的优化配置，核心原则就是资源永远向战略目标倾斜。以宁德时代产能扩张预算为例，如下所示：

- 战略目标：2025 年全球市占率 40%；

- 预算拆解：每年资本支出 300 亿元→新增产能 100GWh；

- 资源保障：定向增发 450 亿元＋绿色债券融资 200 亿元；
- 成果：2023 年产能达 400GWh，市占率 37%。

再次，预算也是非常有效的风险防控工具。以万科"三道红线"预算管控为例，如下所示：

- 指标内嵌：净负债率＜40%、现金短债比＞1.3 倍直接写入预算；
- 压力测试：模拟房价下跌 20% 对现金流的影响，预留应急预算；
- 成果：2023 年绿档达标，融资成本 4.5%（行业平均 6.8%）。

最后，预算做得好的企业一定是业财深度融合的典范。以特斯拉超级工厂预算模型为例，如下所示：

- 采购端：与锂矿商签订长协价，原材料成本预算浮动率＜5%；
- 生产端：一体化压铸工艺将车身部件预算减少 70%；
- 销售端：直营模式砍掉经销商加价，单车营销费用仅为行业 1/3；
- 成果：Model 3 单车成本从 3.8 万美元降至 2.8 万美元，毛利率 25%。

全面预算相对更适合大中型企业，那么广大中小民营企业该如何应用呢？以下路径供参考：

1. 轻量化模板：效仿阿里巴巴"三张表"预算。

- 销售漏斗表：预测客户转化率→收入预算；
- 成本费用表：按毛利目标倒推成本上限；
- 现金流表：确保月末现金余额＞3 个月固定开支。

2. 敏捷化调整：效仿字节跳动"OKR+ 预算"。

- 季度对齐：OKR（如 DAU 日活数增长 20%）→预算优先保障核心项目；

- 快速迭代：预算节省资金自动转入创新实验池。

3. 全面预算管理的未来趋势：从"全面预算"到"智能预算"。

- 数据中台：集成 ERP、CRM、SCM 数据，实时生成预算执行看板；

- AI 预测：机器学习预测收入波动（准确率提升至超 85%）；

- 实时预算：IoT 设备数据直连预算系统（如三一重工设备开工率驱动服务预算）；

- 生态预算：产业链上下游协同预算（如苹果与富士康共享产能规划）；

- AI 自主决策：比如预算机器人自动审批 10 万以下采购申请。

以"战略—计划—预算—考核"一体化管理为核心，旨在"以计划落实战略，以预算保障计划，以考核促进预算"，才能真正实现业务与财务的高度融合。

全面预算体系的价值远超"数字游戏"，其实质是"用资源配置的语言翻译战略"。企业需根据行业特性（如制造业重资产、互联网重流量）和发展阶段（如初创期求生存、成熟期求利润），定制适配的预算模式，让每一分钱都成为推动战略达成的"子弹"。

全面预算是一个让企业实现自律的工具，只有自律方能自由。

8.4　活得稳：借东风的技术和艺术

说到使用杠杆即"借东风"，我们不得不谈到一个关乎国计民生的行业——房地产行业。

2016 年是房地产行业的去杠杆元年。以恒大为例，2015 年负债6149 亿元，2016 年一跃达到 1.16 万亿元。2021 年上半年恒大暴雷前后，其总负债达到 1.97 万亿元。截至 2022 年末，其总负债达到 2.4万亿元。

为了便于理解，我做了整理归类，其 1.97 万亿元的债务大致如表 8-7 所示。

表 8-7　中国恒大负债结构分析

单位：亿元

负债项目	金额	比重	序号
短期借款	2400.49	12.21%	1
应付贸易账款及其他应付（票据）	9511.33	48.37%	2
流动衍生金融负债	3.01	0.02%	3
应缴税费	1654.86	8.42%	4
合约负债	2157.90	10.97%	5
长期借款	3317.26	16.87%	6
非流动衍生金融负债	0.64	0.00%	7
递延所得税负债	502.14	2.55%	8
其他非流动负债	117.71	0.60%	9
负债总额	19665.34		

我们把恒大的债主大致按照欠款金额进行排序：

第一大债主是供应商合作伙伴、上游施工方等，占总负债的 48.37%；第二大债主是债权人，银行和金融机构，占总负债的 29.08%；第三大债主是客户，即购房者，占总负债的 10.97%；第四大债主是投资人，即恒大的理财和信托产品的投资人，占总负债的 0.02%。这四项合计，占总负债的 88.44%。

此外，恒大还有表外负债——或有负债（担保）5568.64 亿元。其中：为买家的按揭融资作出的担保 5188.09 亿元，占总担保额的 93.17%；对合作方借款作出的担保 129.21 亿元，占总担保额的 2.32%；对合营企业及联营公司借款作出的担保 251.34 亿元，占总担保额的 4.51%。这些都潜藏着巨大风险。

恒大的未来我们不得而知，但恒大以及很多房地产企业的危机是如何导致的，非常值得我们研究。

2017 年，中国进入"房住不炒"的调控阶段，银行、土地资源乃至购房者们都开始受到各种各样的限制。但出于惯性，中国的房价和成交量在这一年继续上涨，还创了历史新高。这在当时不免让很多地产商认为，这次的调控只是说说而已，政策是拧不过市场的。

从 2018 年开始，很多三、四线城市的楼市陆续见顶，后来一、二线城市楼市的价格、交易量也被限制住。这个时候地产商们就应该收缩经营规模，当时谨慎的企业也确实都这么做了。但有相当多的房地产企业不但没有收缩，仍然在大力扩张。

高负债、高杠杆是房地产行业相对普遍的打法。之前我们深入讨论过，这种打法的风险是非常高的。也就是在此时，国家出台了

"三道红线"等一系列给房地产行业降温的措施。

"三道红线"是央行和住建部在 2020 年合作提出的三个财务标准，目的是管控房地产企业的金融风险，包括：

- 企业剔除预收账款（合同负债）后的资产负债率红线不能高于70%；

- 企业的净负债率红线不能高于 100%；

- 企业的现金和短期负债的比例（现金短债比，即现金比率）红线是 100%。

如果这"三道红线"都踩了，企业就会被归入红色档，不允许再增加有息负债，也就是不许再发债融资。

如果踩中其中两道红线，企业会被归入橙色档，有息负债的规模可以增加，但被允许的增速上限非常少，每年不能够超过 5%。

如果只踩中一道红线，企业就在黄色档，有息债务规模年增速可以到 10%。

如果一道红线都没有踩中，那就比较安全，算在绿色档里，企业的有息负债规模年增速可放宽至 15%。

"三道红线"政策一开始实施，摆在房企面前的选项马上就变得既残酷又简单：要么降杠杆收泡沫，要么不再获得后续的融资机会，资金链直接崩掉。

这样一来，处于杠杆高档位的房企们为了活命，不得不进入痛苦的偿债周期，不再疯狂地借钱拿地，手里的楼盘也不再捂盘，都在想办法快速地回笼资金。"三道红线"全部踩中的企业银行贷款也越来越受限，只好更多地通过商票来推动自己的项目周转。

比如恒大给上游供应商，合作伙伴如施工方工程款等，给的就是商票。

恒大等房地产公司的经营逻辑是这样的：首先买地，通常是只先付一部分的预付款，拿到了地马上开工；跟施工方、供应商结工程款的时候也不用现金，而是用商票；等到开工进度达到了房屋预售条件之后，接着拿5证，5证拿到后马上开盘，从购房者和银行（购房者贷款部分）那里拿到了销售回款，再去兑付商票，给供应商们还本付息。

整个过程好似流动性赛跑，尽一切可能占用别人的资金做生意。每个楼盘项目需要投入的自有资金都尽可能压到最低，它才可以扩张得如此之迅猛，同时可以开展多期楼盘项目。

恒大的1.97万亿元总负债里，有3000多亿元的商票，这之外还有6670亿元的贸易账款是应该付给供应商的。环环相扣环环扣，任何一环出了问题都会引发连锁反应，这是非常大的风险，好似走钢丝。

支撑商票的核心因素就是企业的信誉，一旦企业的信誉破产，商票就变成了空头支票。

尽管2021年上半年恒大宣布通过各种手段，净负债率已经降至100%以下，实现了一条红线变绿。但梳理恒大近年来的负债情况，可以发现其资产负债率长期保持在80%左右，距离红线变绿依然任重道远。

而从负债结构上来看，其债务情况同样不容乐观。恒大的流动性负债规模以及增长速度远超非流动负债，流动性压力逐年增大。

2018—2020 年及 2021 年上半年，恒大的财务数据显示，短期借款逐年降低，融资环境在逐年恶化。即从银行或其他金融机构借入的偿还期在一年以内的各种借款逐年减少，而应付账款以及其他应付款则逐年增加。换言之，恒大可能已经无法从金融机构获得支持，只能凭借强势地位占有上下游的资金，由工程方或上下游企业垫付款项。恒大的负债在大幅上涨的同时，资产端质量也向不乐观的方向发展。

杠杆是一把"双刃剑"，资金的高效率、高效益也增加了企业的风险。房地产企业普遍都使用超高杠杆，占用别人的资金达到企业快速扩张的目的。这样的资金筹集资金方式使房地产企业的扩张速度比其他企业要快很多。伴随中国房地产行业的飞速发展，这背后隐藏着巨大的风险。

高杠杆，过度 OPM，既是房地产行业快速崛起的不二法门，也是其头上的悬顶之剑，是最终导致房地产行业陷入流动性危机的根本原因。

通过恒大的案例，我们探讨一下企业经营到底该如何借力，总结一下企业经营"借东风"的艺术。

财务杠杆是指企业自有资金不足，难以满足企业经营发展的需要，而选择在筹资活动当中用债权式融资，即举债经营的方式，是一种调整平衡企业资本结构的手段。

财务杠杆可以让企业资金充足，加速成长壮大。另外，优序融资理论告诉我们，使用银行借贷的方式，融资成本相对更低，即债务资金成本比股权资金成本更低，债务融资有利于降低企业的综合资金使用成本。另外由于企业所得税的计税依据扣除利息费用以后的利润所得，不难理解负债经营与无债经营的企业相比，缴纳的所得税更少，即节税效应。

财务杠杆给公司经营带来正面影响还是负面影响，关键看如何使用。没有杠杆就没有金融，一切金融创新的本质都是平稳地把杠杆放大。金融工具作为当代商业社会的伟大创新，价值和作用不言自明，但一定要合理利用，明辨时机，及时调整，控制风险。

在风险可以管控住的前提下，当息税前利润率大于利息率时，借债划算，反之，不划算。资本成本率由资本结构决定，财务风险管理对企业来讲是一项极为复杂的工作，比如资本规模、资本结构必须与企业的生命周期相匹配，并且充分考量外在宏观政治经济环境的影响。企业必须采取措施，加强对财务风险的控制，一旦预计将出现财务风险，就应该采取措施回避和转移。如果预计企业未来经营状况不佳，息税前利润率低于负债的利息率，那么就应该减少负债，降低负债率。企业要平衡好股东回报最大化和 WACC 之间的关系，促进公司总体价值的提升，同时充分考虑自身的资本结构、对外融资能力，统筹测算各类投资资金缺口，合理确定债权式融资、股权式融资需求，制订明确、可行的资金来源计划。一方面，在流动性风险可控、不突破信用评级的前提下，充分发挥财务杠杆的作用，促进股东回报最大化；另一方面，长寿企业的共性是适度负债，稳健经营。

风险永远不会自己消失，绝不能熟视无睹。过高的杠杆及腾挪之术，不是点石成金的"炼金术"，而是"十个锅九个盖儿"的翻版。有效运用金融工具的前提是风险管理的能力，即预判和适时调整是至关重要的。如果过分痴迷于技巧或者术的层面，就有可能跌进深渊。

杠杆是无罪的，人性是贪婪的，杠杆的力量有时会放大人性的贪婪。在使用杠杆时控制人性的贪婪，客观地认识自己的能力边界，是需要智慧的。

8.5　活得有质量：人效管理穿透企业经营管理迷局

经营企业最终是在经营人，企业的成长最终也是靠人。

人才虽然没体现在财务报表中，却是企业最核心的资产。用数据来穿透企业的经营还有一个重要的指标——人效。华为内部经常讲："不抓人效的增长，管理不会进步。"注重构建人力资本，企业的生命力、稳定性和抵抗风险的韧性都会更胜一筹。

大变革时代，企业真正比拼的是人力资本与企业战略的协同效率。在一定意义上，人效管理是企业经营管理水平的重要体现，同时也是撬动增长的重要支点。

1. 何为人效

人效（human efficiency）指企业通过合理配置和管理人力资源，实现"单位人力投入获得最大价值产出"的能力。其本质是衡量"人的价值创造效率"，而非单纯的成本管控。人效等于价值除以时间，或产出价值除以人力投入。

即以人力资源的"投入产出比"为核心理念，目标是以最少的人力投入实现战略目标，或通过提升人力价值放大产出。可大致理解为企业所雇佣人员的价值产出高低，旨在提升员工的价值创造能力。劳动者投入时间进行价值创造，同等价值下消耗的时间越少，人效越高；在用时固定的情况下，创造的价值越高，人效就越高。

2. 如何提升人效

提升人效主要有两种途径：一是缩短时间，二是创造更多价值。

我们把时间折算成工资总额，即人力成本，再把创造的价值换算成货币收益，包括收入、利润，就不难得出人力资本的投资回报率。故衡量人效的主要指标有人均收入、人均利润、人均成本等。

3. 人力成本（资本）规划及 ROHC

图 8-9 是匹配某公司战略所做的一个五年的人力成本规划，不难看出这是一个"剪刀差"。随着公司中长期的发展和时间的推移，按照正常规律，从员工视角看，工资逐年上涨，但如果企业不能保证每年商品涨价、收入利润也增加，这对股东是不公平的，因为可以分给股东的钱会越来越少。从股东的视角看，人力成本占收入的比重必须逐年下降，股东才有利可图。

而创造"剪刀差"的核心逻辑是：用更少的、更好的人，给更多的钱，干更多的事，即"两个人拿三个人的工钱干四个人的活"。

这里要提到一个概念叫 ROHC，全称是 return on human capital，

员工——工资

2023年　　　　　　　　　　　　　　　2027年

股东——人力成本占比

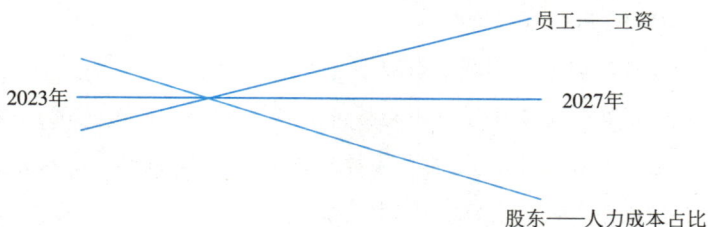

图 8-9　五年人力成本规划——人力成本的"剪刀差"

即人力资本回报率。它是衡量企业人力资本投资效率的核心指标，反映企业通过人力投入创造的价值。

ROHC 的计算公式为：（营收－非人力成本）/ 总人力成本 × 100%。其中，分子为人力资本创造的价值（营收扣除非人力成本，如原材料、设备折旧），分母为总人力成本（包括薪酬、福利、培训等）。比如，某公司营收 100 亿元，非人力成本 60 亿元，人力成本 20 亿元，则：ROHC=（100–60）/20 × 100%=200%，即每投入 1 元人力成本，创造 2 元价值。

ROHC 的核心价值有以下三个：

- 衡量人力资本效率。ROHC 越高，人力资本创造价值的能力越强。科技企业 ROHC 通常较高，一般 > 150%，传统制造企业 ROHC 为 50%~80%。

- 优化资源配置。识别高 ROHC 业务单元，优先配套资源；淘汰低 ROHC 业务。

- 支持战略决策。可用于评估并购 ROI，若目标公司 ROHC 低于行业平均值，收购时需谨慎；也可用于制定薪酬策略，高

ROHC 岗位可溢价招聘。

ROHC 的典型应用场景有以下三个：

- 业务单元绩效评估。如某公司游戏部门 ROHC 为 250%（因高毛利与高效研发），而广告部门的 ROHC 仅 80%（因人力成本高且竞争激烈），就可以将资源向游戏倾斜，广告部门通过自动化降本。

- 人力成本优化。特斯拉上海工厂通过自动化，低 ROHC 岗位（如装配工）用机器人替代，高 ROHC 岗位（如电池工程师）增加投入，将人力成本占比从 12% 降至 7%，ROHC 从 150% 提升至 250%。

- 组织架构调整。字节跳动"去中层化"改革，减少低效管理层级，释放资源投入高价值岗位，将 ROHC 从 120% 提升至 180%。

要提升 ROHC，可以采用以下四大策略。

策略一：人才结构优化

- 汰换低效人员：绩效排位后 10% 员工优化。
- 增配高价值岗位：如 AI 工程师、数据科学家（ROHC 通常大于 300%）。

策略二：技术赋能提效

- 自动化替代：RPA（机器人流程自动化）替代重复性工作（如财务对账）。
- AI 辅助决策：如 Salesforce Einstein（销售云，主要用于销售人员，提升销售效率和效果）提升销售人效 30%。

策略三：薪酬激励改革

- 绩效挂钩：浮动薪酬占比提升至超 50%。
- 长期激励：股权绑定核心人才。

策略四：组织模式创新

- 敏捷小组：小团队作战。
- 生态合作：外包低 ROHC 职能（如客服、IT 运维）。

ROHC 的局限性主要体现在两个方面：一是短期视角，ROHC 反映当期效率，可能忽视长期能力建设（如研发投入）；二是存在行业差异，比如劳动密集型行业 ROHC 天然低于知识密集型行业。

针对其局限性，改进方法主要有两个：一个是结合 ROHC，综合评估人力与资本效率；二是动态监控，滚动计算 ROHC，避免静态指标误导。典型行业 ROHC 对标的标准如表 8-8 所示。

表8-8 典型行业 ROHC 对标

行业	平均 ROHC	标杆企业 ROHC
科技（软件）	200%	微软 250%
制造（汽车）	80%	特斯拉 150%
零售（电商）	120%	亚马逊 180%
金融（银行）	60%	摩根大通 90%

下面是两个典型的企业人力资本规划案例，给大家作为参考。

案例 1：华为"人才金字塔"模型

- 顶层（10%）：天才少年计划（年薪超 200 万元），主攻 5G/ 光芯片，ROHC 达 300%。

- 中层（60%）：战略预备队，通过轮岗提升复合能力，ROHC 增速 15%。
- 基层（30%）：外包基础岗位，人力成本增速控制在 3%。
- 成果：连续 5 年剪刀差＞8%，人力资本贡献利润占比超 40%。

案例 2：特斯拉"制造—研发"双循环

- 制造端：上海工厂通过自动化将人力成本占比从 12% 压至 7%，ROHC 提升至 25%。
- 研发端：Dojo 超算团队人力成本增长 50%，但专利转化率提升 3 倍，ROHC 达 180%。
- 整体策略：制造端"剪刀差"盈余补贴研发投入，形成技术壁垒。

总结一下，ROHC 是人力资本的"价值标尺"，企业需以 ROHC 为核心指标，通过"结构优化＋技术赋能＋激励创新"，实现人力资本的持续增值。最终目标是将人力从"成本项"转变为"增长引擎"，最终让"人力成本"转化为"人力资本"，驱动企业提升长期竞争力。

4. 建立人效指标体系

企业首先要根据自身战略和业务经营目标，做好人力资本规划，建立适合自身的人效指标体系。

表 8-9 所示的通用人均效益类指标，是企业整体运营效率、人力资源利用效率及管控能力的体现。

表 8-9　通用人均效益类指标

指标分类	指标名称	指标公式
人均效益类	人均收入	销售收入 / 员工人数
	人均成本	总成本 / 员工总人数
	人均利润	利润总额 / 员工人数
	人均产量（或人均产值）	总产量（或总产值）/ 员工人数

表 8-10 所示的成本效益类人效指标，主要用来衡量薪酬福利的有效性及投入产出。

表 8-10　成本效益类人效指标

指标分类	指标名称	指标公式
成本效益类	人工成本投入产出比	销售收入 / 人工成本
	人工成本利润率	利润总额 / 人工成本
	元均收入	销售收入 / 薪酬福利总成本
	元均利润	利润 / 薪酬福利总成本
	人均投入产出比	人均收入 / 人均成本
	人事费用率	薪酬福利总成本 / 销售收入
	人工成本占总成本比	人工成本总额 / 总成本

表 8-11 展示了业务导向型人效指标。

表 8-11　业务导向型人效指标

指标	公式	适用场景
销售人均 GMV	总 GMV ÷ 销售团队人数	电商、零售
研发人效比	新产品收入 ÷ 研发人员成本	科技企业、制造业
客服接单量 / 人日	日均处理工单数 ÷ 客服人数	服务业、互联网平台

企业人力成本黄金不等式包括以下五个：

- 员工人数增速 < 企业收入增速
- 薪酬福利增速 < 企业收入或利润增速
- 人均薪酬福利增速 < 人均收入或人均利润增速
- 总人工成本增长率 < 利润增长率
- 总人工成本增长率 < 收入增长率

5. 人效分析

企业有了自身的人效数据，需与内外部进行对比分析，从而更加了解自身人效所处水平及位置，寻找机会点和防范潜在风险。

第一，横向对标，进行行业对比。以上市公司财报、行业协会报告等作为数据源。比如，顺丰 2023 年快递员人均处理包裹量 1500件 / 日，对比行业均值 800 件，人效优势显著。

第二，纵向分析，洞察趋势。滚动同比，剔除季节性因素（如零售业春节旺季）；结构拆解，分析人效变动是来自"效率提升"还是"裁员缩编"。

图 8-10 所示的人效分析框架供大家参考。

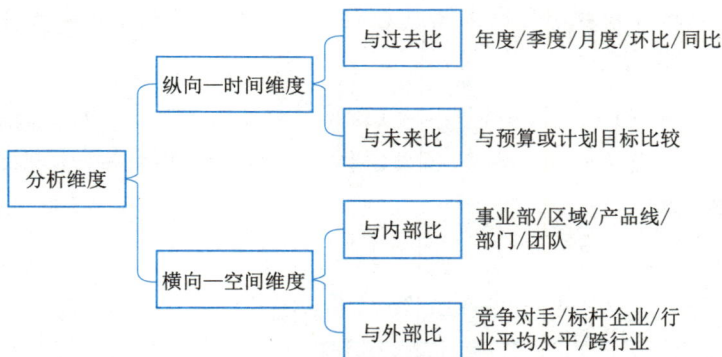

图 8-10　人效分析框架

6. 人效改善策略

人效改善策略不仅包括组织、流程、权限、管控等提升组织效率和效能的维度，也包括用工形态和人力替代维度，还包括人才规划、人才结构、人才激励等人才管理维度，以及目标的一致性和执行的有效性。企业可通过 Power BI、Tableau 等工具搭建可视化看板动态监控，过程中要注意以下几个问题。

一是相关数据治理，确保可量化。

• 系统对接：HR 系统（人员数据）+ 业务系统（业绩数据）。

• 口径统一：明确定义"平均在职人数"（是否含外包 / 实习生）、统计周期（月度 / 季度）。

二是战略拆解，做到从目标到指标。

比如，某电商公司战略目标为"三年GMV翻倍"，我们可以拆解为：

- 一级指标：人均GMV（如从50万到100万）；
- 二级指标：客服人均处理订单量（如从每天100单到每天180单）；
- 三级指标：仓库拣货人效（如从每小时200件到350件）。

三是分层分级，部门/岗位定制。表8-12提供了一个示例，供大家参考。

表8-12 部门/岗位定制示例

部门	核心人效指标	辅助指标
销售	人均GMV、成单转化率	新客获取成本、客单价
研发	需求交付周期、代码产出量	专利数量、BUG率
生产	单位工时产量、良品率	设备利用率、返工率

7. 提升人效的四大策略及案例

策略一：通过结构优化实现组织瘦身

方法主要有两个：一是合并冗余岗位，如将"市场专员＋品牌策划"合并为"增长运营"；二是推行敏捷组织，如小团队作战。

字节跳动"去中层化"改革，砍掉了非必要管理层级，基层员工直接向业务负责人汇报，人效提升30%，决策周期缩短50%。

策略二：技术赋能实现自动化替代

可以使用的工具包括：AI客服，如京东智能客服替代70%人工咨询；低代码平台，如销售部门自主搭建CRM系统。

平安集团共享服务中心将后台部分简单重复的工作内容部署给超 600 个流程机器人，单流程效率提升 80%，年节省工时超 50 万小时。

策略三：技能匹配实现人才升级

主要方法包括：精准招聘，如星巴克"咖啡大师"认证计划，通过技能分级（绿围裙→黑围裙→咖啡大师），提升了单店人效；认证员工创造的客单价提高 15%，复购率提升 20%。

策略四：激励杠杆达成绩效重构

主要方法包括：OKR+KPI 融合，目标对齐 + 量化考核；利润共享，比如美的集团将超额利润的 20% 分配给团队。

海尔的"人单合一"模式，员工薪酬与创造的用户价值挂钩，产品库存周转天数从 32 天降至 20 天，人效提升 35%。

总结一下，卓越人效来自战略对齐、技术赋能和组织活力的有机结合。人效管理要遵循三个原则：

- 不盲目裁员：优先优化流程和技术，避免伤及核心能力；
- 不唯数字论：关注员工体验（如离职率、净推荐值），平衡短期效率与长期健康；
- 动态管理：定期刷新指标体系，适配业务变化。

不难发现，人效管理一定包括组织的精进和优化，流程精进，自动化创新模式及数智化转型，用数字驱动人效提升，最终围绕价值创造、价值评价、价值分配的价值管理循环，围绕企业的战略目标及业绩增长，去搭建长期的人才管理机制。

"功以才成，业以才兴"，得人才者得天下。人才是企业突破增长瓶颈，实现高质量可持续发展的关键因素。"人才与业绩并重"，重视人效管理的企业会具有更强的韧性，能够更有效地把"人力资本"转化为组织及企业的竞争优势，并且更有能力维持稳定的业绩收入及规模增长。

企业需将人效管理视为系统工程，通过数据驱动、持续迭代，实现人力资本的"复利增长"。

参考文献

1. 上海国家会计学院.上海国家会计学院 CFO 丛书.北京：经济科学出版社.

2. 黄卫伟.价值为纲：华为公司财经管理纲要 [M].北京：中信出版集团，2017.

3. 何绍茂.华为战略财务讲义 [M].北京：中信出版集团，2022.

4. 杨爱国，高正贤.华为财经密码：商业成功与风险制衡 [M].北京：机械工业出版社，2022.

5. 罗伯特·斯莱特.忠于你的事业：沃尔玛传奇 [M].黄秀媛，译.北京：中信出版集团，2018.

6. 沃尔特·艾萨克森.史蒂夫·乔布斯传（典藏版）[M].赵灿，译.北京：中信出版集团，2023.

7. 利恩德·卡尼.蒂姆·库克传：苹果公司的反思与商业的未来 [M].李世凡，梁德馨，译.北京：中信出版集团，2019.

8. 迈克尔·波特.竞争战略 [M].陈丽芳，译.北京：中信出版社，2014.

9. 迈克尔·波特.竞争优势 [M].陈丽芳，译.北京：中信出版社，2014.

10. 孙力科. 任正非传 [M]. 杭州：浙江人民出版社，2017.

11. 孙立新，周洋，初征. 成本会计 [M]. 北京：人民邮电出版社，2016.

12. 程光. 从企业财务目标角度分析沃尔玛的成功之道. https://www.qg68.cn/news/detail/38261_1.html

13. 任正非在荣耀送别会上的讲话（全文），https://m.thepaper.cn/baijiahao_10156731.

14. 创业邦：房企都能活 1500 年，日本公司为啥长寿？，https://baijiahao.baidu.com/s?id=1723996554210406370&wfr=spider&for=pc.

15. 应对疫情，大日企不考虑裁员，https://mp.weixin.qq.com/s/5a7ZD1XIEaZ3qlc94x2Pww.

企业的复原力与意外之喜

本书的最后，我想借用我个人非常喜欢的两个词来聊一聊对当下企业经营面临的现状及对未来的思考。一个是复原力（resilience），也称为抗逆力、顺应力、回弹性或韧性；另一个是意外之喜（serendipity），指意外发现珍宝的运气 / 才能，机缘凑巧。

当前，全球经济环境充满不确定性，企业面临多重压力，如供应链中断、市场需求波动、技术变革加速、气候变化等。这些挑战要求企业具备强大的复原力，方能在逆境中保持竞争力。复原力的核心在于未雨绸缪。企业需要学会在顺境时为逆境做好准备，通过持续学习、创新和资源优化，构建抵御风险的能力。

"意外之喜"是指，在快速变化的商业环境中，企业需要依靠敏锐的洞察力和开放的思维，捕捉那些看似偶然的机会。核心在于开放与敏锐。企业需要保持对环境的敏感度，善于从变化中发现机会，并将偶然的机遇转化为长期的竞争优势。

复原力与"意外之喜"相结合，方能应对当下、布局未来。

复原力帮助企业抵御风险、适应变化，"意外之喜"则为企业带来新的增长机会。两者结合，可以帮助企业在不确定的环境中实现可持续发展。未来的商业环境会更加复杂和多变，企业需要在复原力和"意外之喜"之间找到平衡，以应对挑战并抓住机遇。

"百舸争流，奋楫者先。"抱怨无益，不如提灯前行，关关难过关关过，拼的是进化能力及苦练内功在逆境中增长的能力。做好当下的事，抗住了方有可能获得新生，进入下一轮增长期。

企业要想基业长青，必须要自律，要有良好的习惯，形成自己的长寿基因。

现代金融理论将金融资产的收益拆分成两部分：阿尔法收益和贝塔收益。不与市场一起波动的、通过自己的能力获得的超额收益叫阿尔法收益，伴随市场一起波动、分享整个市场带来的收益叫贝塔收益。对应到企业的策略，可以叫作阿尔法策略与贝塔策略。

当下经济发展放缓、产业结构升级，企业不能盲目地把行业的贝塔当作自己的阿尔法，"跑马圈地"盲目扩张式的增长逐渐退场。中国企业既要求生存、活下来，又要谋发展、活得好。企业最终得靠主营主业，通过自我造血、自身经营积累实现长期可持续发展。如果说贝塔收益代表被动跟随市场趋势的收益，阿尔法收益则来源于主动管理能力或非系统性机会的捕捉，往往是"意外之喜"的主要来源。

本书从财务管理的历史开始，深度探讨了财务管理及创值型财务组织在当代企业经营管理过程中的价值，站在业务视角应用"三表"为基础，围绕着管理会计工具展开内容。不是财务人员使用管理会计的工具就可以成为真正的管理会计，管理会计更多是一种思维，是企业业务和财务全员都需要拥有的一种量化管理及经营的意识和思维，必须上升到战略高度，结合企业的业务及商业模式，运用数据去闭环管理企业经营全流程，最终达成战略目标。

在当前经济大环境下，企业想要实现业绩增长，必须依赖一体两翼，业财双向赋能，业务思维与财务思维双剑合璧才是公司管理运营的核心思维。

财务问题的背后都是业务问题，业务问题的背后都是管理问题，这些问题是不能分家的，这些问题必须由企业通过经营实践去探索，去解决。

对于企业管理者而言，一要"看得懂数据"，利用数据结合业务深度挖掘数据背后的经营问题；二要"用得好数据"，采取针对性整改方案和应对策略，及时反馈纠偏。

《大学》里有一句话："知止而后有定，定而后能静，静而后能安，安而后能虑，虑而后能得。"领悟参透了财务和经营的智慧，就像穿透商业奥秘的 X 光，也像是给身体做 CT，能看透商业底层的逻辑。

本书希望用量化管理的思维引导管理者进化，看清商业本质，制定适合自己企业的发展战略及切实可行的执行措施，从而有效指导业务活动，构建核心竞争能力，找到破局之路，向高质量可持续长期健康发展迈进。

　　"天下难事，必作于易；天下大事，必作于细。"细节决定成败，从数据到决策，通过数据开展的量化管理之道，是每一个经营管理者的必修课。

苑海彤

2025 年 3 月于大连